聆听汉字之美

饮食字传

Tales of the Words
for Chinese Cuisine

味觉篇

Flavorings

张一清 著
梁 艳 读

山东友谊出版社

扫描收听本册图书有声版

序言 I

民以食为天，这是从古至今流传数千年的一条最朴素的真理。小到个人，大到人类，生存和发展的首要条件确实是必须填饱肚子。与此同时，两千多年前孔夫子的一句“食不厌精”，算是承启了中华美食代代相传、生生不息的薪火。因此，我们才有幸生活在一个以美食著称的国度里。

日常饮食，无论是妈妈的味道、大厨的手艺，还是小夫妻对照各式菜谱照葫芦画瓢的“处女”之作，都可称之为美食。在品尝美食过程中，一般能引起我们关注和欣赏的，大抵是菜品本身的味道，或者多少也有一些菜品的色泽、形状等等，抑或再把视野稍稍扩大到碗碟杯盏。然而，可能很少有人会对与食物有关的字词发生兴趣。

殊不知，中华文明源远流长，上下几千年，其奥妙无穷的独特魅力之一，正是汉字承载了极其丰富的人文内涵与积淀，即所谓的点画天地、字里乾坤。就说能够给我们带来愉快感受的“香”字吧，它原本由“黍”和“甘”或者“禾”和“甘”构成，而“甘”最初描画的是舌头上面有东西，意思是能够品尝到的甜味；那么，“香”显然就意味着粮食所特有的那种清甜味道了。

由此可见，“香”首先指的是能够被味觉感受到的一种味道，后来才有了嗅觉也能感受到的气味这种意思。其次，用表示农作物的“黍”或“禾”构造表示美好滋味的“香”，一方面说明炊饭在我国的历史十分悠久，另一方面也说明我们中华民族自古就有重视农业的优良传统。

锄禾日当午，无数人用辛勤的汗水造就了餐桌上的饭香菜美；另一方面，大自然的鬼斧神工和技艺卓绝的众多园丁，也给我们营造出草木芬芳的生活环境。饭香花香汇聚交融、相辅相成，让我们的生活充满惬意与诗意。这不由得令我想起了《身边汉字·花草字传》成书的前前后后。

和《花草字传》的成书初衷一样，《饮食字传》也是着眼于身边的事物和日常的汉字，力图在平常生活中发现汉字和中华文化的不同寻常之处，并且梳理这些汉字的源流，为其作“传”。

《花草字传》问世后，宣传推广方面得到了许多朋友的热心帮助，我一直感念于心。

首先，感谢《中国汉字听写大会》总导演、我的好友关正文先生。《花草字传》的新书发布会，适逢关导的另一档走心节目《见字如面》录制前夕，百忙之中，他二话没说赶到发布会现场助阵。这样的朋友真是相当相当靠得住。

我还要向我的好友梁艳主播表示敬意，她那字正腔圆、娓娓道来的唯美声音确实为书增色不少，而且她在录音过程中一丝不苟、孜孜不倦的精神与努力令人钦佩，我们的合作愉快而有成效。

山东友谊出版社的姚文瑞、张继红、韩刚立、姜海涛等出版业翘楚，为前后两个《字传》的策划、编辑、出版、发行等事务，可谓费尽了心血。作为合作者，我敬佩他们和出版社其他同事的职业精神与素养，也感谢他们给予的鼎力支持与帮助。

按照惯例，每出一本小书，由于在写作过程中受到的关怀与帮助，特别是受到的教诲与指点，我都要感谢我的太太胡明女士和女儿张牧笛小姐。这次也不例外，只是又多了一层意思。这层意思是感谢她们二三十年如一日，让我在赞美鼓励声中，义无反顾地爱上了蜗居中的三尺灶台，把自己变成了“下得厨房”的好男人，伙夫与吃货的潜质亦被大大激发。

最后，我必须对两套《字传》的读者朋友表示诚挚的谢意。如果《饮食字传》能够让你们口水涌动，能够让你们对汉字和中华文化产生更加浓厚的兴趣，那将是我最开心的事。期待你们不吝赐教。

张一清

2017年4月10日
于海口至五指山途中

序言 II

从为《花草字传》配音开始，山东友谊出版社的好友姜海涛就约我写序，可自知才疏学浅，没有应承。转眼间《花草字传》出版已经一年的时间了，如今《饮食字传》即将付梓。写到“付梓”一词，脑海中马上跳出《花草字传》中的《梓》那篇文章，更加深切领悟到原来我的收获如此丰厚！也更坚定了我写这篇序的信心。

树高千尺不忘根，水流万里总思源。在这里，我所说的根和源，其一当然是张一清教授。至今仍然记得我们在河南安阳参加《汉字听写大会》录制时的场景。甫抵安阳，我和张教授一起观摩正在进行的大赛现场，并悄声议论着场上选手们的表现时，我发现张教授竟然能神奇预测出选手的易错点，不由钦佩其学识之渊博。过后才知道，张教授早有“谶哥”

之美誉。后来在《花草字传》一场场推介会上，我一次次现场聆听了张教授不重样的对汉字妙趣横生、引人入胜的讲解，并在他的引领下品味着汉字“一字一文化，一字一历史”的奥妙所在。

在拿到《花草字传》配音稿时，对于张教授信手拈来通今博古的知识点，我丝毫不敢懈怠。引经据典处、多音存疑时必查清楚问明白，恐怕那时数不清的提问叨扰了张教授，而张教授有问必答之谦恭，更让我钦佩其为人。尽管没有为《花草字传》写序，但我由衷写下了腰封上的推介语：张一清教授深入浅出地探究汉字前世今生，解析汉字内外乾坤，引经据典生动翔实，融汇古今兼容并蓄。

追根溯源，还要感激好友龙朝朝。可以说，张教授写文我配音的首秀是在龙朝朝的微信公众号上。她独具创意地联合张教授和我的优势，不仅扩大其公众号影响力，也为“身边汉字”系列丛书的出版埋下伏笔。

更要感激好友姜海涛。2004 年出版的我的个人文学作品集《另岸的风景》，便是海涛担纲策划、美编，至今翻看仍匠心独运，她在专业领域的功底可见一斑！而她不仅没有止步不前，还挺立潮头，敏锐地捕捉到汉字推广前景以及文配音形式潜在的影响力，在山东友谊出版社的大力支持下，迅速组织专门团队，不计成本、不求回报、全情投入，不仅推出“身边汉字”系列丛书，更有月历、丝巾等相关文创产品的问世，可以说硕果累累。

特别感谢山东友谊出版社领导姚文瑞、张继红、韩刚立，他们在前后两辑《字传》的整个出版、发行过程中给予鼎力支持。

特别感谢国家汉办副主任夏建辉，专门对《字传》的出版方向提出很多建设性意见；特别感谢尚爱传媒的好友雨浓，不仅在《职业女性》中安排了专访，还在北京青联的微信公众号中进行热心推介，日常生活中讷于言的我，尽管没有当面道过谢，却感念于心。

还要感谢好友李晶晶、中国新闻社的刘红、香港文汇报的杨帆、中国青少年计算机信息服务网的金锐，他们在图书的宣传报道中不遗余力擂鼓助威。

最后感谢姐姐梁莉，她联络各方资源，为图书推广出谋划策，是我强大的后盾。感谢胜似家人的田甜，感谢编辑陈菁在《饮食字传》录制过程中兢兢业业、严格把关，才使音频录制工作得以顺利进行。

感谢生命中有你，因为有你，我不待扬鞭自奋蹄；因为有你，我收获着友情、温暖和感动；因为有你，用辛勤的汗水浇灌出的花朵粲然绽放，点缀着来时路！

不忘初心，方得始终。

梁艳

2017 年 6 月

目录

味
道

wèi dào

味道

任何美食，虽然色、香、味、形俱佳是上品，而且也是烹制的目标与追求，但是，相对而言，四者之中，“味”才是王道。

“味”这个字由“口”和“未”构成，“口”表示字的意思与嘴有关；“未”表示字的读音与它接近。许慎在《说文解字》中对“味”的解释是：“滋味也。”而我们现在一般把它解释成：舌头品尝东西所得到的感觉，也就是味道、滋味。

需要说明的一点是：我们现在所说的“滋味”与《说文解字》所谓的“滋味”并不完全一样。根据清代文人段玉裁的《说文解字注》，许慎所说的“滋味”，其中“滋”表示“多”[1]。因为“滋”原

小篆

隶书

楷书

行书

① 段玉裁的原话是：“滋言多也。”

白居易拱谒 · 鸟窠指说
宋
梁楷

本表示浸润，后来才产生了“滋润、滋生、滋长”等意思，而“滋生”和“滋长”显然隐含着增多的意思。因此，从某种意义上说，《说文解字》把“味”解释成“滋味”，或许相当于现在我们所说的“百味”。也就是说，古人意念中的“味”表示的是丰富、多样的味觉感受。

唐代文人韩愈曾作《此日足可惜赠张籍》，诗中有“饮食岂知味，丝竹徒轰轰”两句，意思很直白，大致就是食不甘味，原本悦耳的音乐也成了噪音。想来依韩愈的官位和生活水平，每日三餐的品种和花样原本就不可能那么单调，况且这里说的饮食还是别人招待他的佳肴，所以他在诗中所说的“味”正是多种食物的多样滋味。

而面对美食尝不出味道，其实是因为他心中记挂着亲人。该诗题注中这样写道：“愈时在徐，籍往谒之，辞去作是诗以送。[2]”当时，韩愈刚从汴州战乱中避难到徐州，并在徐州寄人篱下做一个小官，而创作了“恨不相逢未嫁时”等脍炙人口诗句的唐代诗人张籍则是韩愈的好友，他乡遇故知，韩愈自然感动又欣喜，将此前与家人离散的坎坷经历向好友倾诉一番。

② 标点为本书作者所加。

唐代诗人白居易曾作七律《味道》：“叩齿晨兴秋院静，焚香冥坐晚窗深。七篇真诰[3]论仙事，一卷檀经说佛心。”诗的标题“味道”是体味哲理和道理的意思，表示这种意思的“味道”在古代经典中十分常见。后来“味道”二字才逐渐固定成一个词，并和“味”一样，用来表示“滋味”、“气味”以及“趣味”等。

③ 指南北朝时期著名道士陶弘景所著《真诰》，其中包括《运题象》等七篇，故作此称。

“味道”既然表示“体味、道理”，显然“道”指的就是“哲理、道理”等。

“道”这个字由“首”和“辶”构成，“首”表示端点，“辶”读作 chuò，意思与行走、行动有关。《说文解字》中对“道”的解释是：“所行道也。”《说文解字注》则进一步解释说：“道者人所行，故亦谓之行。道之引伸[④]为道理”；“首者，行所达也。”

根据这些解释，可见“道”最初的意思就是供人行走的道路，它所包含的“辶”已经表明了“行走”含义，而“首”则表示了行走的终点。当然，依照古今许多学者的考证，“首”在古代的读音与“道”也比较接近,所以在“道”字里面也具有提示读音的作用。

另外，由于道路是人在行走时必然会因循、依从的线索，“道”后来又产生了“事物的规矩、规律以及道理”等含义。从这种意义上说，我们不妨把“味道”理解成万物所具有的能够引起味觉感受的内在本质，也就是一种天然的而且具有一定规律性的东西。

从根源上说，“味”其实也属于事物的本质之一，但是，对于美食而言，人们品尝到的滋味，则基本上是大厨们调和五味的结果。虽然烹调的最高境界当属充分展现食材的“本味”，然而，适度、适量地使用调味料并借助一定的烹制方法，无疑可以在压制食材本身腥膻一类“本味”的同时，最大限度地激发出食材原有的味道，而且还能融合出一些令人愉悦的、更加新鲜的混合味道。

道

《吕氏春秋·孝行览》中有《本味》一篇，原本是用各种事理比喻王道，其中有：“臭恶犹美，皆有所以……灭腥去臊除膻，必以其胜，无失其理。调和之事，必以甘酸苦辛咸”。这些话的大致意思是那些自身味道原本并不怎么样的食材，它们之所以能够被加工成美味，都是有缘由的。去除腥臊之味，必须在压制它们的同时疏导调和，而调和之事依靠的就是酸甜苦辣咸了。

④ 现在我们用“引申”。

再行一步

酸甜苦辣咸这“五味”之所以能够被人品尝和分辨，主要是因为在我们的口腔里，特别是舌头上有一种称作“味蕾”的味觉感受器。它们主要分布在舌头的表面，特别是舌尖和侧缘，此外在软腭等处也有少量分布。详细内容可以参见《花草字传·萌芽开花》中《蓓蕾》一篇。

毫无疑问的是，我们所品尝到的“味道”，肯定既包含食材的“本味”，同时也必然与调味有关，这便是“先天”与“后天”的关系。

研习先天至精，后天调谐得当，于食物便成美味，于世人便有情味、意味、趣味和品味。因此，一个人如果能够被别人评价为“有味道”，毫无疑问，这定是一种莫大的欣赏与称许。

有趣的是，宋代文人世家“三苏”的祖上，有一位曾经在唐朝为官的文人，名字就叫“苏味道”。当然，此公的名讳与美味和做人的品味没有关系，他老人家的名字就像前面提到的白居易的诗《味道》一样，其寓意也是参悟、体味哲理和道理。

苏味道做官平平，甚至由于圆滑世故而被冠以“苏模棱”的名号，但其五言诗的创作水准却极高，颇具开先河、树标杆的意味。他创作的五言律诗《正月十五夜》中的诗句“火树银花合，星桥铁锁开”“暗尘随马去，明月逐人来”等，一直被后人广为称道。

很显然，“味道”一说在古代大都表示体味道理等含义，它表示滋味的意思基本上是近代才出现的。

而与此相对的是，“品味”一说在古代多指美味，而它表示“品尝鉴赏”以及“格调趣味”等意义却是属于近现代的事情，例如《礼记·少仪第十七》：“问品味。曰：‘子亟[5]食于某乎？’”这句话的大致意思是主人在准备餐食招待客人之前，一般会先问客人是否多次吃过某种食物，其隐含的意图是询问、了解客人的饮食习惯。

宋代文人吴自牧《梦粱录》中有：“供筵泛供异品菜蔬、时新品味”，宋代诗人王禹偁[6]在《甘菊冷淘[7]》中提到：“既无甘旨庆，焉用品味繁”。这些句子里的“品味”指的也都是美食。

当代戏剧家曹禺创作的《北京人》第一幕有这样一句描写：

⑤ 在这里读 qì，意思是屡次、多次等。

⑥ 这个字读 chēng，是表示“扬举、称呼”等意思的“称”的一种异体字形。

⑦ 这指的是源自唐代的一种过水面或凉面一类食品。

香山九老图
明
谢环

"他是一个有名的饕餮，精于品味食物的美恶。"其中的"品味"意指"品尝鉴赏"。除此之外，这个词语还可以表示趣味、兴味和格调等，例如《人民日报》2000年11月17日有一篇署名刘琼的文章《高雅艺术呼唤高雅鉴赏品味》。

表示这种意思的"品味"，明显是既有"品"，也有"味"。其中"味"显然是由"滋味"发展出来的意味和旨趣等意思，而"品"同样是自身源流演化的结果。

"品"在甲骨文中写成。关于这种字形的含义，主要有两种意见：一种认为表示若干器物；一种认为表示若干人。两种意见的主要差异是对"口"代表什么有不同认识。但是，这两种意见却一致认为"品"字其中隐含"众多"的意思。

《周易》中有这样一句，"云行雨施，品物流形"，其意思大致就是大自然的雨露滋育，使得万千事物不断生长变化。

同样，这部典籍中的“品物咸亨”“品物咸章”等，说的也都是大千世界的万千事物。

在事物众多的情况下，一般就要区分不同的种类，因此，“品”就产生了“品种、种类”以至“事物的等级”等意思。再进一步，事物等级的高低需要评定，由此，“品”就有了“辨别、品评”等意思。而品评的结果，也就是人或事物的品质，也可以用“品”来表示，比如“人品”“品德”“品学兼优”等等。很显然，人的“品性、品格、品行”甚至“格调”等，都可以被纳入“品”的范畴。例如清代佚名所著《四字经》中有“立身端方，品诣过人”，明末清初教育家朱柏庐的《致徐俟斋[8]之二》中提到：“以弟六十年中所见，如此家风，如此品概，诚罕有其匹。”这两篇文章中，“品诣”“品概”指的就是人的“品行、品格、气节”等。

⑧ 徐枋，号俟斋，明末清初著名画家。

酸

suān

酸

每当说起食物的味道，我们一般都会想到“酸、甜、苦、辣、咸”，五味之中，“酸”居第一。实际上，这种说法并不一定表示次序的先后，可能只是习惯使然。

但是，在中国古代一部重要典籍《尚书》的《商书·说命下》这篇文章里，的确有“若作和羹，尔惟盐梅”这样一句。句子的大致意思是如果制作羹汤，一定要用到盐和梅子，而梅子恰好是被用来取其酸味的。显然，酸在中国古代已经是用来调味的重要味道之一。

“酸”这个字由“酉”和“夋[1]”构成，“酉”表示字的意思与器皿以及酿造有关，“夋”表示“酸”的读音在古代与它接近。

小篆

隶书

楷书

行书

中国药用本草绘本 梅

① 这个字读作 qūn，表示行走舒缓的样子。

《说文解字》中对“酸”的解释是：“酢[2]也。”又说：“关东谓酢曰酸。”这种解释一方面说明“酢”和“酸”是不同地区对同一种东西的不同称呼；另一方面也涉及“酬酢”的“酢”最初的读音与意思。

再看《说文解字》里对“酢”的解释是：“醶[3]也。”而对“醶”似乎又采用了循环解释的方式，将其解释为“酢浆也。”但是无论如何，这里总算出现了表示液体的“浆”字，说明“酸、酢、醶”最初指的是同一种东西，也就是我们今天常用的调味品“醋”。

不过，如果把含义放得再宽泛一些，我们可以看到古代表示“醋”这类酸性液体调味品的，还有若干类似“醯[4]”这种更加复杂的字，比如《周礼·天官》就有《醯人》篇。按照规定，这类官职的主要职责就是掌管朝廷的醋类液体以及用醋腌制的食物，以备祭祀及宴客的时候使用。

由表示调味品的“醋”，“酸”随之产生了表示醋的味道这样的意思。例如《荀子·劝学篇》：“醯酸，而蜹[5]聚焉。”句子的基本意思是醋散发出酸味，于是便招来了蚊虫。

“醋”与“酸”的确是形影不离的一对儿，不论是“糖醋”“醋熘”这类烹调方式，还是“老醋蜇头”“醋烹豆芽”这样的冷盘热炒，无一不会让人联想到刺激口水的那种酸味。更何况，不少餐馆的菜谱上还有“酸豇豆”“酸菜鱼”“酸汤豆腐”诸般菜品，一看之下就会令人口舌生津。

宋代词人赵师侠曾经填过一首《少年游·梅》，词中写道：“玉壶冰结暮天寒。朔吹绕阑干。雪破梢头，香传花外，春信入江南。巡檐索笑情何限，一点已微酸。待得黄垂，冥冥烟雨，绿树袅金丸。”整首词在吟诵、称赞梅的同时，也把“酸”写得那么美妙、那么富有情趣。

当然，人的口味原本就不会千篇一律，所谓众口难调，说的就是人对味道的感受以及倾向的多样性，嗜酸和不喜酸味均属正常。然而，表示人的某种心

② 在表示“醋”的意义时，“酢”应当读作cù。

③ 这个字在这里读作yàn，指的就是醋。

④ 这个字读作xī。

⑤ 这个字读作ruì。

酸

墨戏图册十二开 第十开
清
金农

理感受的“酸”，想必却是人人都不喜欢的感觉。

明代诗人王叔承曾有一首《述归》，写的是征夫还家与妻儿短暂相聚的情景，诗中有“小儿不识父，大儿惊我归”“此别未为久，何得生酸悲”等句。从表面上看，诗句说的虽然是“何得生酸悲”，似乎相聚与离散都是那么轻描淡写、一笔带过。但是，从儿子已经不认识自己父亲这一点不难看出，这是多么酸苦的人生遭际。封建制度下的黎民疾苦跃然纸上。

陆游也创作过四首五言诗《古筑城曲》，其中一首写道："筑城声酸嘶，汉月傍城低。白骨若不掩，高与长城齐。"这是诗人通过秦代修筑长城，以及汉代北方战乱等历史事件，抒发在南宋战乱频仍、社会动荡不安情形下的家国情怀。诗句中的"酸嘶"反映的就是人们心中的悲苦与凄凉。

如果结合中国古代文化中仿佛无处不在的阴阳五行观念，酸味恰好与苦味为邻，酸味属木，而苦味属火，按照"木生火"的说法，酸涩似乎正巧促发苦楚。当然，这不过是古人用"五行"观念解读世界的一种说辞而已。此外，按照中医的养生观念，酸与五脏六腑中的肝、胆相对应，适量进食酸性食物确实对肝胆的功能具有一定的补益作用。

再行一步

“酸”除了能够表示人内心的酸楚，还可以由内心的酸涩进而表示生活的窘迫，这就是“寒酸”。

陆游的作品《今年立冬后菊方盛开小饮》，里面就写了：“胡床[⑥]移就菊花畦，饮具酸寒手自携。”虽然饮酒的器具简陋，因而也折射出诗人生活上的贫寒，但是，诗人在菊花盛开的立冬时节，依然表达出“把酒东篱”的那种淡淡喜悦。

宋代官宦、文人沈与求也曾作五言诗《野外罕人事》，诗中写道：“野外罕人事，虽贫心自宽。霜蔬供绿节，社酒泛黄团。日落归牛近，风微宿鸟安。展书遮老眼，灯火砌儒酸。”这首诗意境恬淡，散发着一种安于田园清贫生活的韵味。然而，根据史书记载，沈与求自从及进士第之后其实一直为官，曾经还有过署理当时最高军事机构枢密院的经历，可见他的生活不可能太寒酸。因此，这首诗或许可以看作是他内心的某种向往与追求。

儒生的清贫，常常也被世人当作调侃读书人的谈资，故此有“酸丁、酸士、酸儒、穷酸秀才”等等说法，例如清末词人

⑥ 一种类似马扎的便携式坐具。

况周颐《蕙风词话》引清代文人严廷中的《望江南》："鹾[7]贾高谭评古玩，酸丁低首检残书。"诗句把扬州盐商把玩古董、高谈阔论的富豪做派刻画得惟妙惟肖，而与此形成鲜明对照的，则是贫寒的文人只能小心翼翼、一声不吭地在故纸堆里寻寻觅觅、挑挑拣拣的情景。

酸寒尉像
清
任颐

安贫乐道，这是千百年来文人的豁达。当然，如果太过迂腐、执拗，也会令读书人带上一种让人不太欣赏的气息，也就是所谓的"穷酸气"。苏东坡的《答范祖禹》一诗中，"侠气不洗儒生酸"显然是对武将身上仍然保持儒士作风的一种褒扬。但是，他在《赠诗僧道通》一诗中，则用"语带烟霞从古少，气含蔬笋到公无"去称赞道通的诗文几乎不带儒士的酸腐腔调与气息。诗中"蔬笋"即"蔬笋气"，也称"酸馅气"，原本是用来讥称僧人言词诗

⑦ 这个字读作 cuó，指的是盐。

秋林曳杖图
明
萧云从

文中特有腔调和习气的用词，后来也用于形容某些文人诗词，例如清代文人沈起凤《谐铎》卷三：“此穷儒酸馅耳，何足言诗！”

内心的酸涩与言行的酸腐，这都来源于那种原本也称作“酸”的酿造调味品，然而身体、肌骨之“酸”，最初使用的却是“痠⑧”，如《黄帝内经·灵枢二》：“故腰背痛而胫痠。”后来才由“酸”承担了这份职责。

宋代诗人杨万里曾作《己未春日山居杂兴十二解》，诗中写道：“半月春晴探物华，山园走得脚酸麻。从教三日风和雨，闭户烧香不看花。”从这几句诗来看，诗人显然是春游踏青导致身体疲乏，所以决定待在屋里不再外出。但是，春光明媚、

⑧《通用规范汉字表》和《第一批异体字整理表》都没有把这个字处理为“酸”的异体字。

春色撩人，诗人也深知“人言春色浓于酒，不醉衰容只醉心”，所以，他又怎么可能甘心做一个慵懒无趣的俗人，白白辜负大自然慷慨赠予的那一份大好春光呢？因此，诗人终于打起精神，欣喜于“今日酾[9]晴天气好”，便又“杖藜看水更看山”去了。

虽然肌骨的酸痛最初与病态相关，正像“痠”这种字形里的“疒”所表现的那样，但是，肌骨的酸痛同样会引起心里的酸苦，这显然属于一种正常的心理反应。因此，从本质上说，“酸”与“痠”应当具有某种天然的内在联系。例如唐代诗人韦应物创作的五言古诗《往富平伤怀》，这是一首有感于“安史之乱”带给民众离乱之苦的作品，诗中写道：“今者掩筠扉，但闻童稚悲。丈夫须出入，顾尔内无依。衔恨已酸骨，何况苦寒时。”诗句写出了民间妻离子散的惨痛，其中“酸骨”一说实际上表现的是痛彻骨髓、心扉的那种感觉，与一般的骨头酸痛在程度上绝对不可等量齐观。

总而言之，属于味觉感受的“酸”，乃是我们享用美食的一种体验。而属于肌体和内心感受的“酸”，则是一些给人带来不愉快感受的经验，我们最好对它退避三舍、让它永无用武之地。

⑨ 这个字读作 shī，原本指过滤酒。这里是由滤酒所产生的“醇”这种意思，表示天空的纯净。

甜

tián

皓

梅子显然是酸味的代表，所以在古代典籍中才会有“盐梅[1]”一说，例如宋末元初诗人方回的《秀山霜晴晚眺与赵宾旸[2]黄惟月联句》中有“酸醎[3]糅盐梅”的说法。也正是由于梅子味酸，不太适合直接入口，古人或者以青梅煮酒，或者以甜味剂腌渍梅子，目的都是取梅子酸味的同时，也用其他东西平衡、调和它的酸涩。

现在，有梅子参与的美食中，一般都离不开蜜糖一类的甜味辅料。就像“糖醋”“酸甜”“甜酸”等等常见的说法一样，“酸”与“甜”似乎已经形影不离，例如陆游《秋兴》：“村酒甜酸市酒浑，犹胜终日对空樽。”

小篆

甜

隶书

甜

楷书

甜

行书

① 这种说法本指咸味和酸味，也表示国家所需要的人才。

② 这个字读作 yáng，意思是日出或晴天。

③ 这个字是表示味道的“咸”在古代的一种字形，现在已经不再使用了。

写生册 蜂房
清
华喦

京都叫卖图 卖糖的

“甜”这个字由“舌”和“甘”构成，古代也曾经有左“甘”右“舌”的字形。“舌”指的是味道的感觉器官——舌头，“甘”指的则是甘甜的味道，合在一起仍然表示像蜜、糖一样的甘甜滋味。例如，唐代诗人李颀的《送刘四赴夏县》中有“扶南甘蔗甜如蜜”。

《说文解字》中对“甜”的解释是：“美也。”这种解释说的是滋味，可千万不能理解成容貌等等。不过，从许慎的解释中，我们也不难看出从古至今我们对甜味那一脉相承的偏爱。

清代文人袁枚的《随园食单》中记载了一种烹制黄鱼的方法，原文是：“黄鱼切小块，酱酒郁一个时辰，沥干。入锅爆炒，两面黄，加金华豆豉一茶杯，甜酒一碗，秋油[4]一小杯，同滚。候卤干色红，加糖，加瓜姜收起，有沉浸浓郁之妙。”这浓油赤酱、咸中带甜的美味，想象一下都是享受。

一些科学研究表明，甜味是人出生后最先接受和追寻的味道，喜欢吃甜食是人的一种本能。由此可见，从本质上，人和甜味之间具有十分亲密的关系，所以我们才会在高楼林立的都市，于不经意间邂逅大大小小的甜品店，闻到品类纷繁的各式甜点和甜食弥散出来的那种诱人甜香。

由于人们对甜味的喜爱，“甜”后来确实产生了“美好”的意思，而且可以表示诸多事物的诸般美妙。

宋代词人郭应祥曾作《西江月·席间次潘文叔韵》，词中便有：“试问甜言软语，何如大醉高吟。”元代文人刘秉忠创作的“小令”《南吕·干荷叶》

④ 指深秋第一抽酱油。

中则说："脸儿甜，话儿粘[5]。"这些语句中的"甜"就是形容各种美妙的。

另外，对于人们来说，小睡、做美梦自然也都属于美事，于是，"甜"也就有了"熟睡、酣睡"等意思。例如苏东坡的《发广州》这样写道："朝市日已远，此身良自如。三杯软饱后，一枕黑甜余。蒲涧疏钟外，黄湾落木初。天涯未觉远，处处各樵渔。"

南宋文学家胡仔在其所著《苕溪渔隐丛话前集》卷第二十六[6]中，针对诗词中使用俗语的现象曾经写道："南人以饮酒为软饱，北人以昼寝为黑甜，故东坡《发广州》云：'三杯软饱后，一枕黑甜余。'"

用"甜"表示酣睡，在许多古代诗文中都能见到用例。例如宋代词人张矩，他的《梅子黄时雨》中就有："去宿江楼，爱留人夜语，频断灯灶。奈倦情如醉，黑甜清午。"元代文人张翥[7]在《玉蝴蝶·春梦》中也写过："宿酲[8]未解，午枕初甜。"

无论是畅饮的酒酣耳热，还是酣睡的通体舒畅，看起来"甜"与"酣"缘分不浅。实际上"酣"这个字在古代和"甘"具有共同的源头，而"甘"和"甜"

蕉叶睡女图卷
明
唐寅

则是意思非常接近的两个字，并且“酣、甜”里面都包含着“甘”字，因此，“酣”和“甜”自然也就有了看似间接、但实际距离却并不算远的关系。

这种表示睡眠酣畅而甜美的“酣甜”，其实在近现代文献中也不乏用例，当代诗人臧克家在他的散文《说梦》里就曾经写道：“身已着床，即入酣甜之乡者少，而被梦骚扰的时候却甚多。”

⑤ 以前与“黏”相通，现在更适合用“黏”。“粘”读 nián 的时候，现在一般用于姓氏。

⑥ 据该文献，这段话转引自宋代文人黄朝英所著《湘素杂记》，而后者又是引自宋代文人蔡绦所著《西清诗话》。据称原话出自宋代文人王君玉，宋代陈师道以及耶律楚材等人的诗文中都提到过此人。

⑦ 这个字读作 zhù，意思是鸟向上飞。

⑧ 这个字读作 chéng，意思是喝醉了神志不清。

再行一步

看起来，酣甜入梦也是一件殊为不易的事情。然而不管怎么说，有“甘”这样一个称职的中介，“甜”与“酣”明显是建立起了比较稳定的关系，而且“甘寝”一说，本身也有“安睡”等意思，比如宋代诗人刘克庄《书灯》：“童子糊新就，笼纱碧色深。唤回少年梦，照见古人心。每对忘甘寝，频挑伴苦吟。与君交到老，莫虑弃墙阴。”

“甘”这个字在甲骨文里写成等，外面是舌头的轮廓，里面是表示舌头上面有东西的一个刻痕。《说文解字》中对“甘”的解释与“甜”如出一辙：“美也。”清代大儒段玉裁在《说文解字注》里面则进一步解释说：“甘为五味之一。而五味之可口皆曰甘。”

段玉裁的解读，一方面肯定了“甘”具有甜的意思，即所谓的“五味之一”；同时也明确了它具有味道好的意思，即所谓的“可口”。

一些文献在解读《诗经·邶风·谷风》篇中“谁谓荼苦，

其甘如荠”一句的时候，往往因为要与“苦”相对，所以就把其中的“甘”简单地解读为“甜”。而实际上，我们都知道“荼”基本上是没有甜味的，因此，这里的“甘”解释成“可口”一类意思或许更加合理。

倒是唐代文学家韩愈的一首七言诗《古意》[9]，其中“冷比雪霜甘比蜜，一片入口沉痾痊”两句中的“甘”表示“甜”的意思反而十分明显。

其实依照《说文解字》等古代文献对“甘、甜”的解释以及典籍中的用例，这两个字很明显都兼具“味道可口”以及“甜味”这两种意思。例如明代诗人丁鹤年的《竹枝词（二首）》之一中有：“水上摘莲青滴滴，泥中采藕白纤纤。却笑同根不同味，莲心清苦藕芽甜。”

藕芽之“甜”显然并不局限于特定的甜味，而指清甜、鲜甜等等，这就像广州话现在仍然用“甜”来描述新鲜鱼虾等的滋味一样。

大文豪苏东坡表达友情的《江神子（大雪，有怀朱康叔使君，亦知使君之念我也，作江神子以寄之）》中，下阕有：“水晶盐。

⑨ 全诗描述了一种开在高山峰顶的罕见莲花，或许只是传闻吧。

为谁甜。手把梅花，东望忆陶潜。”句中的“甜”明显也是味道鲜美、可口等含义，“为谁甜”的意思是不知道朱康叔正在用美食招待哪些宾朋。

宋代诗人杨万里创作的七言诗《晚兴》，诗中“双井茶芽醒骨甜，蓬莱香烬倦人添”两句，则又把新茶的甘美、沉香的芳馨描写得出神入化。

唐代诗人元稹创作过一首描写买卖人的叙事体乐府诗《相和歌辞·估客乐》，诗中写到随着生意渐有起色，一位年轻的买卖人也是“颜色转光净，饮食亦甘馨”，整个人的心情、气色看上去都不错，饮食种种也是越来越讲究、越来越精致。

很显然，对于美食而言，“甜”和“甘”在很多情况下都是可口、美味的代名词。宋代词人刘学箕填过一首吟颂鄱阳湖鱼类的《行香子》，词中便有：“金刀批脔[10]，鲜活甘甜。”新鲜的淡水鱼，切块后烹制，那鲜美的味道想必许多人都有过体验。词中的“甘甜”指的正是新鲜湖鱼的鲜香。

食物的鲜美滋味无疑可以满足人的口欲，所以“甘”后来就产生了“使人满足”的含义，而能够让人满足的事情，人们

⑩ 这个字读作 luán，意思是切成小块的肉。

一定是情愿去尝试的，因此“心甘情愿”等词，表示的便是人们愿意或者情愿去做什么。

汉魏时期文学家曹植曾作《杂诗六首》[11]，其中有“闲居非吾志，甘心赴国忧”“国雠[12]亮不塞，甘心思丧元”等诗句，句中的“甘心”表现的就是作者自己内心的意愿。

曹植的诗中，“闲居”一句，意思比较直白；而“国雠”一句，则由于用典以及个别字词的引申含义，稍嫌晦涩。“亮”本身隐含彰显等意味，而且在古代它还同表示诚信的“谅”相通，所以包含“诚然、实在、的确”等意思，因此，所谓“国雠亮不塞”，大致意思是国仇尚未终止。“丧元”一说则源自《孟子·滕文公下》，原话是“勇士不忘丧其元”，其中的“勇士”指的是齐景公年间一位看守君主田猎场所的小官吏，根据记载，当年齐景公采用了不符合礼制的方式召唤他，所以他冒着掉脑袋的危险而拒不应召，因而受到孟子称赞。

很显然，曹植的话表达了国仇未报之时，自己思慕勇敢的先贤，胸中涌动着一腔甘愿为国赴死的热血。

⑪也有“杂志七首”一说。
⑫同“仇”。

苦

kǔ

苦

小篆

隶书

楷书

行书

“同甘共苦”“苦尽甘来”除了表示现实的美好，同时也反映了人们的美好愿望。可见，与表达甜美的“甘”相比，“苦”一方面是人们并不喜欢的一种滋味和状态；另一方面，它也并非完全不可以尝试，或者说本身也并没有那么可怕。

上一篇谈论“甘”的时候，曾经援引过《诗经·邶风·谷风》中的：“谁谓荼苦，其甘如荠”。显然，诗句表达的是味道苦涩的植物“荼”，吃起来却很可口。

“苦”这个字由“艹”和“古”构成，上面的“艹”表示字的意思与草木有关，下面的“古”表示字的读音与它接近。《说文解字》中对“苦”的解释是：“大苦，苓也。”可见“苦”最初指的是一种植物。

可是，后世对于“大苦”或“苓”具体指的是什么，意见却并不统一。比如段玉裁在《说文解字注》里通过引经据典，得出了“苦”指的是一种称为“黄药”的药用植物的结论。然而也有意见认为，“苦”最初指的是一种野生的、可以食用的宿根植物，即“苦菜”。还有意见认为“大苦”指的是一种也称作“大苄[1]”的药草，即“地黄”。当然，还有意见说“苦”指的是通常称作“甘草”的药用植物或者指豆豉。

虽然对于“苦”的具体所指意见纷纷，但是无论如何，认为“苦”最初指某种带有苦味的植物却是非常确定的。如《诗经·唐风·采苓》：“采苦采苦，首阳之下。”诗中“首阳”是一座山的名称，也就是传说中西周初期著名隐士伯夷、叔齐隐居的地方。

“苦”最初表示带有苦味的植物，所以它后来就有了“苦味”的意思，也就是那种类似胆汁的味道，以致我们现在还有“苦胆”一说。

“苦”属于“五味”之一，清代出身中医世家的名医王士雄在他的《随息居饮食谱·蔬食类》里面，曾经多次提到过食物的苦味，例如“(羊角菜)苦辛甘温。

下气”，“（菾[2]菜，亦名甜菜）甘苦凉。清火，祛风，杀虫，解毒……治痢”等等。

被尊为“茶圣”的唐代茶学大师陆羽，他在《茶经》里面同样也引用过据传为汉魏时期名医华佗所著、但是现在已经散佚的文献《食论》，其中有“苦荼久食益意思[3]”这样的句子，句中的“荼”指的是“茶”，句子的大致意思是常饮苦茶有助于心神健康。

看起来，苦味不仅可以品尝，而且一些味道虽苦的食物还有利于身体健康。现在人们的餐桌上，包含“苦苣[4]”“苦瓜”“苦荞麦”等食材的食物也是花样繁多、屡见不鲜，更别说还有令许多人难以割舍的“苦”咖啡。

但是，从根源上说，“苦”毕竟属于人们不太喜欢的一种味道，因此，人们心里的诸般难过也常常一言以蔽之——苦，例如诗圣杜甫的《石壕吏》：

乞儿图
清
高其佩

① 这个字读 hù 的时候，指的是药草“地黄”。

② 这个字读作 tián。

③ 这里表示“心智”等意思，其中的“思”要读第一声。

④ 学名“菊苣”，品种多样。

“吏呼一何怒，妇啼一何苦。”飞扬跋扈的官僚，苦苦哀求的农妇，这活生生是一幅封建统治阶级强权之下受压迫民众的真实写照。

南宋词人辛弃疾有一首《摸鱼儿》，词首的序中写道：“淳熙己亥，自湖北漕移湖南，同官王正之置酒小山亭，为赋。”全词如下：

更能消、几番风雨。匆匆春又归去。惜春长恨花开早，何况落红无数。春且住。见说道、天涯芳草迷归路。怨春不语。算只有殷勤，画檐蛛网，尽日惹飞絮。

长门事[5]，准拟佳期又误。蛾眉曾有人妒。千金纵买相如赋，脉脉此情谁诉。君莫舞。君不见、玉环飞燕皆尘土。闲愁最苦。休去倚危楼，斜阳正在，烟柳断肠处。

这首词的上阕从暮春时节的惜春情绪切入，营造出一派伤春、伤别离的氛围，然而，整首词的重心却是在下阕。下阕借用汉武帝原配陈皇后、汉成帝皇后赵飞燕、唐玄宗宠妃杨玉环等人的掌故，表达了对世事无常的感慨。其真实意图是词人由于未获朝廷重用，难以施展报国宏愿，因此便生出令人最难忍受的“闲愁”。而“闲愁”的滋味之所以“苦”，那是因为词

十宫词图 汉宫
清
冷枚

苦

人空怀报国之志，却苦于找不到施展抱负的途径，只能眼睁睁地看着国势衰微、河山难再。

在封建时代，因为统治者的昏庸而使文人的报国情怀酿出苦味的例子可以说不胜枚举。飘逸如仙的李白，在《梁甫吟》中，虽然表面上说的是“侧足焦原[6]未言苦”，但是实际上，整首诗的情绪也是忧心如焚，诗人忧虑“安史之乱”将要成为现实，世道离乱眼看不可避免。

⑤ 这里的“长”读作cháng。“长门事”指的是汉武帝原配陈皇后被废黜的典故。

⑥ 指传说中春秋时莒国的一块约五十步方圆的巨石，下面是百丈深渊，只有勇敢者才敢站在上面。

再行一步

人们内心的苦是情绪、情感等方面的经历与感受，这种苦渗入四肢百骸，与通过口腔、舌头等品尝到的苦味完全不可相提并论。然而，就像苦味也并非完全无益一样，身心之苦，却往往能够起到锤炼人的作用。

《孟子 · 告子下》中的名句“故天将降大任于是人也，必先苦其心志，劳其筋骨，饿其体肤”，其中的“苦其心志”表达的就是一种锤炼与考验。

但是，这种锤炼也要因人而异，注重针对性与适宜性。清代从事语文教学的唐彪，在其论著《家塾教学法》中，曾经引用宋代文人王日休《训蒙法》的主张，同时也阐述了自己的看法：“王虚中⑦曰：六岁且勿令终日在馆以苦其心志而困其精神。书易记、字易识者，乃令读之；其难者，慎勿用也。”这段话可以看作是针对幼童身心特点而提出的非常有见地的一种教学方式。

与儿童相比，成年人所要承受的除了心志之苦，往往还有身体的劳苦与辛苦。《诗经 · 邶风 · 凯风》据考证是一首歌颂

⑦“虚中”是王日休的“字”。

三迁择里

孟子塑像

母亲辛勤养育子女的作品，诗中有“凯风自南，吹彼棘心。棘心夭夭，母氏劬[8]劳”，“爰有寒泉？在浚之下。有子七人，母氏劳苦”等诗句。这首诗把母爱比喻成来自南方的、和暖的“凯风”，把子女比喻成稚嫩的、正在成长的酸枣树——棘。一家有七个未成年的孩子，相比现在为数不少的独生子女家庭，不难想象诗中的母亲有多么辛劳。

封建时代的劳苦大众，就像唐代诗人李绅在《古风二首》中所描写的“谁知盘中餐，粒粒皆辛苦”那样，常常还有劳役、税赋所带来的辛劳。

⑧ 这个字读作 qú，意思是过于劳苦、勤劳等。

唐代诗人韦应物写过一首《观田家》，诗中写道："饥劬不自苦，膏泽且为喜。仓廪无宿储，徭役犹未已。方惭不耕者，禄食出闾里。"诗文一方面描写辛勤种田的农家人，虽然家贫无余粮，却仍然因天降喜雨，有利于农作物生长而心中宽慰，不以农事为苦；另一方面则展现"十指不沾泥[9]"的官宦人家，终日衣食无忧，坐享其成。两方面的鲜明对照，使得本身也属官僚阶层的韦应物也不由生出了惭愧之心。

但是，就连韦应物自己也深知，并非所有剥削者都会珍惜、尊重劳动者来之不易的劳动成果。例如他在《杂体五首》中，虽然明确写到纺织刺绣的艰难"指历千万绪""裁此百日功"等，但同时他也注意到享用舞衣的富贵人家，却是"唯将一朝舞"，"舞罢复裁新，岂思劳者苦。"

在封建制度下，劳动者的艰辛得不到应有的尊重与报偿，往往就会遭际内心的痛苦和悲苦。比如编著者不详的元代杂剧《包待制陈州粜[10]米》"楔子"中就有这样一段："今有陈州官员申上文书来，说陈州亢旱三年，六料不收，黎民苦楚"。

联想到"痛楚""酸楚"等等说法，让人不由自主便会对

⑨ 引自宋代诗人梅尧臣《陶者》。

⑩ 这个字读作 tiào，意思是卖出粮食。

这些词语中的“楚”产生一些好奇心，为什么这些词语不约而同地都包含了这个字呢？

“楚”这个字上面是“林”，表示字的意思与树木有关；下面是“疋”，读音是 shū，与“足”有着共同的源头，表示“楚”的读音与它接近。当然，也有意见[11]认为“疋”也表示“楚”的意思与它有关。

《说文解字》中对“楚”的解释是：“丛木。一名荆也。”后一句解释表明“荆”与“楚”指的是同一种植物，也就是学名“牡荆”、俗称“荆条”的一种落叶小灌木。而“荆”这种植物我们都知道它常常被制成责罚人的刑杖，所以历史上才会有“负荆请罪”的故事。从这里便不难推断，荆条打在人身上，人必然会“痛楚”，而与此同时，挨打者的内心也一定会感到“酸楚”和“苦楚”，因此，“楚”也就衍生出了表示苦痛的意思。

⑪ 这种意见认为“楚”含有人们踏进山林采伐、开垦的寓意。

辣

là

辣

小篆

隶书

楷书

行书

五味之中，“苦”和“辣”常常被一并提到，在南宋薛辛所撰《女科万金方》中，谈及胎儿在母亲体内的发育过程时，有两句描述三个月胎儿的话：“娘思食味千般爱，苦辣酸咸并纳成。”明代文学家王世懋则在《艺圃撷余》中，用“初学辈不知苦辣，往往谓五言古诗易就，率尔成篇”这样的话评价那些只是粗粗了解古诗皮毛的草率之辈。

看起来，“辣”既是人体所需，同时也包含艰辛等寓意。

“辣”这个字由“辛”和表示乖戾的“剌[①]”省去“刂”之后的部分构成，“辛”表示字的意思与辛辣味道有关，“剌”的省略形式表示字的读音与它接近。

① 现在有两种读音，读 lá 的时候，与表示用刀切割的“拉”相通；读 là 的时候，意思是乖戾、乖张。

金石昆虫草木状 芜菁
明
文俶

金石昆虫草木状 莱菔
明
文俶

花果图册 萝卜
清
李鱓

根据许多古代文献记载，“辣”最初的字形结构与现在恰好左右颠倒，但是意思则完全相同，指的就是像姜、蒜、辣椒等所具有的那种刺激性味道。例如，明代医学家张介宾《景岳全书·卷之四十九大集本草正下》：“蒌叶②得槟榔则甘而不辣。”

苏东坡在《春菜》这首诗里也写道：“宿酒初消春睡起，细履幽畦掇芳辣。”诗句中的“芳辣”大概指的是韭菜、蔓菁一类含有辛辣味道的蔬菜。

虽然对又称“芜菁”的“蔓菁”，历史上一直存在着它与表示萝卜的“芦菔、莱菔”究竟是否属于同类的争论，但是，二者具有一定相似性，而且“蔓菁”也确实含有一定的辣味。正是因为如此，所以在古代，它们二者常常同时出现在诗文中。例如清代文人赵翼

辣

中国药用本草绘本 韭、葱等

创作的《野蔌[3]》，诗里提到的“辣玉甜冰常馔足”，其中的“辣玉”指的是萝卜，而“甜冰”指的就是蔓菁了。宋代诗人杨万里的《春菜》可以看作是这些说法的源头，诗文中有：“雪白芦菔非芦菔，吃来自是辣底玉。花叶蔓菁非蔓菁，吃来自是甜底冰。”把萝卜比作玉，把蔓菁比作冰，古人的生活意趣真是可以成为我辈后人的一面镜子。

辣虽然是一种刺激性味道，但是在中国喜辣甚至嗜辣的人群数量却一直很庞大，以致一些俗语里还流传着“辣不怕”“不怕辣”“怕不辣”种种说法。

② 指一种有辛辣味道的多年生藤蔓植物。

③ 这个字读作 sù，是蔬菜的一种统称。

美食里的“酸辣”“麻辣”等菜品也拥有着为数众多的追捧者，这群人几乎个个都是无辣不欢。

宋代词人朱敦儒有一首《西江月》，里面写道：“瓮头清辣洞庭春。醉里徐行路稳。”这里的“辣”表现的则是酒水的辣了，其中“洞庭春”指的是酒，而不是指洞庭湖的一派春色。

一杯高度白酒下肚，辣味入口、入喉、入腹，带来的大都是一种火烧火燎般的感受，因此，像“热辣”“火辣”“火辣辣”等说法便应运而生，例如当代文学家林斤澜短篇小说集《十年十癔》中的《五分》：“她心里苦瓜炒辣椒，一半儿凄苦一半儿火辣。”

这“热”与“火”实际上还为人类思维的共通性做了一个注脚，因为英文表示“热”的 hot，恰好也兼有“辣”的意思。

平常我们表示“辣”这种味道时，也常常说“辛辣”。比如清代医学家张璐在其编纂的《本经逢原》中，谈到“蜀椒”的时候曾经写道：“色红者气味辛辣，壮命门之火最强。”

而“辛”这个字本身就有“辣”的意思。据清代乾隆六皇子永瑢、大臣纪晓岚等人奉敕编纂的《四库全书总目提要·卷四十·经部四十》引证文献[4]："江南曰辣，中国曰辛。"这句话的意思是在先秦时期，中原一带用"辛"表示辣的味道，而江南地区则是用"辣"表示。

实际上，"辛"这个字表示辣的味道也是后来发展出来的意思，它在甲骨文里原本写成或等，描画的是刀、铲一类刑具的形状，这类刑具的主要用途是给俘虏以及有罪的人面部刺上标记，这种刑罚即所谓的"黥[5]刑"。

由于这种刑罚必然使受惩罚的人感到痛苦，"辛"后来就产生了辛酸的意思，而辛酸的滋味与辛辣刺激性味道正巧非常相似，就连它们的催泪作用也是如出一辙，于是，"辛"这个字便在如此辗转之后，又产生了"辣"的意思。

④ 提到的是两部已经散佚的文献：其一是宋元之际黄公绍编著的《古今韵会》；其二为前者引证的汉魏时期李登编纂的《声类》。

⑤ 这个字读作 qíng。

再行一步

“辣”虽然不是“辛”最初的意思，但是这种意思却是“辛”在古代文献中比较常用的一种意思。例如《周礼·天官冢宰第一》中有记载，“凡药以酸养骨，以辛养筋，以咸养脉，以苦养气，以甘养肉”，论述的是不同特性的药草对人体具有不同的补益作用。

《黄帝内经·灵枢（二）》对五脏六腑染病之后的禁忌也曾经做出过这样的论断：“肝病禁辛，心病禁咸，脾病禁酸，肾病禁甘，肺病禁苦。”它同上面《周礼》的论述恰好形成看似对立、实则互补的格局，这告诉我们，任何事物对于其他事物而言，可能会有补益的一面，同时也自然会有不利的一面。

对于人来说，“辛”的伤害作用可能还不仅限于生理方面的直接冲击，它往往还表现为像“苦”一样的心理感受，而且“辛”这个字本身，它表示心理感受方面的意义的出现还早于表示滋味的意思。

李白有一首《相和歌辞·门有车马客行》，诗中写道：“门有车马客，金鞍曜⑥朱轮⑦。谓从丹霄落，乃是故乡亲。呼儿扫中堂，

⑥ 这个字读作 yào，意思是日光和照耀等。

⑦ 指古代王侯显贵等乘坐的车子。

坐客论悲辛。对酒两不饮，停觞泪盈巾。”这几句诗一下就把人带入了“老乡见老乡，两眼泪汪汪”的场景，让人感受到乡亲之间的那份真情。

紧接着，诗仙便像是解释“悲辛”的缘由一样，将过往的种种不如意一一道来：“叹我万里游，飘飘三十春。”远离故乡，时日太久，像失去根基的飞蓬一般飘飘荡荡，这是游子内心的孤苦。“空谈霸王略，紫绶不挂身。雄剑藏玉匣，阴符生素尘。廓落无所合，流离湘水滨。”虽然自视甚高，却空怀报国之志、千里马难遇伯乐，这是枉有才华却得不到施展机会的郁闷。“借问宗党间，多为泉下人。生苦百战役，死托万鬼邻。北风扬胡沙，埋翳周与秦。”岁月蹉跎，物是人非，更何况遭逢战乱频仍年代，宗亲故旧多已作古，这是对离世亲朋的深切思念。

李白的诗，非常精当地诠释了“辛”表示内心悲苦的诸多方面，而且也间接呈现了均有味道含义的“辛”与“苦”同时也都可以表示心中的伤感和伤痛。唐代诗人王勃在一首送别友人的《别薛华》里就曾经写道：“送送多穷路，遑遑独问津。悲凉千里道，凄断百年身。心事同漂泊，生涯共苦辛。无论去与住，俱

是梦中人。”诗中的“苦辛”既是悲凉心境的准确反映，也是世事艰难的真实写照。

的确，无论是“辛”还是“苦”，它们也都可以表示现实的艰难与困苦。例如白居易《村居苦寒》：“八年十二月，五日雪纷纷。竹柏皆冻死，况彼无衣民。回观村闾间，十室八九贫。北风利如剑，布絮不蔽身。唯烧蒿棘火，愁坐夜待晨。乃知大寒岁，农者尤苦辛。”季冬时节，大雪来袭，天寒地冻之间，是无数家徒四壁、衣不蔽体的民众，可以想见他们的处境有多么艰难！

唐代诗人崔颢[8]写过一首《江畔老人愁》，说的是一位不到二十岁的青年偶遇一位老者，于是二人之间有一番交流。诗中借老者之口说道：“虽然得归到乡土，零丁贫贱长辛苦。采樵屡入历阳山，刈稻常过新林浦。”这位老者其实出身南北朝时期的豪门，后来由于战乱家道败落，过上了从来未曾想过的贫苦日子，砍柴、种田这种事也必须亲力亲为了。

⑧ 这个字读作 hào，意思是白而发光，常用于人名。

流民图
明
周臣

战乱也给诗圣杜甫带来了颠沛流离的生活，他于“安史之乱”期间辗转流落西北地区，在将要进入四川的时候，曾经作《木皮岭》，诗中写道：“季冬携童稚，辛苦赴蜀门。”

当然，在饮食之中，“辛苦”指的还是辣味和苦味，比如明代文人鲍山编撰的《野菜博录》，里面谈到“薄荷”“桔梗”和“莪[9]蒿”等植物特性的时候，都用到过“辛苦”。

而谈到与“辛、辣”关系比较密切的味道时，似乎不能不提到“麻”。“麻”这个字的详细解读可以参看《花草字传·满目青翠》。至于它表示像吃了花椒之后的感觉这种意思，应当来自它表示“麻木”这一类感觉，而后面这种意思则是由“麻”类纤维粗糙、纷杂的特性引申而来。

不过，对于老饕来说，或许只是尽情享受各色花椒所带来的那份“麻香”就已经可以餍足。

⑨ 这个字读作 é。

咸

xián

鹹

小篆

隶书

楷书

行书

前面谈论“味道”的那一篇，里面引用过《吕氏春秋·孝行览》中《本味》篇的一句话：“调和之事，必以甘酸苦辛咸。”五味之中，现在轮到了“咸”。宋代诗人韩驹曾经作过一首《李氏娱书斋》，诗中写道：“唯书有真乐，意味久犹在。李君名家流，事业窥前辈。澹然无他娱，开卷与心会。忆吾童稚时，书亦甚所爱。传抄春复秋，讽诵昼连晦。饮食忘辛咸，污垢失盥颒[1]。”看起来此人爱书真是爱到了痴迷的地步，抄书、念书、背书，夜以继日、不分寒暑，手脸不洗、饮食无味，整个人完全沉浸到了书的世界之中。

“咸”是盐的味道，所以表示味道

① 这个字读作 huì，意思是洗脸。

的“咸”的繁体字最初左边还有一个表示盐的“卤”字，“卤”表示“咸”的意思与盐有关，“咸”则表示原来那个字的读音与它接近。《说文解字》中对原来那个“咸”字的解释是：“衔也。北方味也。”

用“军衔”的“衔”字和表示方位的“北方”解释咸味，这的确让人有些“丈二和尚——摸不着头脑”。相比之下，宋代陈彭年等人编著的《广韵》和元代熊忠编撰的《古今韵会举要》里的解释就直白多了，前者说的是“不淡”，后者说的是“盐味”，两种解释都一目了然。

然而，我们可能还需要了解的是许慎为什么那么解释。清代文字学家王筠在《说文句读[②]》中对于许慎所用的“军衔”的“衔”字是这样解释的：“咸味长，故衔而咀味之。”意思是咸味悠长，所以需要含在嘴里慢慢品尝，“衔”指的就是含着。

至于“北方味”这种说法，按照清代段玉裁《说文解字注》里的说法，应当属于后人在抄录《说文解字》过程中错误添加的内容或者是放错了地方。然而，许多文献根据中国古代阴阳五行观念，又解释说“北方”与“五行”中的“水”对应，而“五味”中的“咸”恰好也与“水”对应，清代文字学家桂馥在《说文解字义正》中也总结了古人“咸，水卤所生”的认识，或许因此，《说文解字》才把“咸”解释成了“北方味”。

② 这里读 dòu。

由此可见，许慎在《说文解字》中对于字的解释有时会有这样两个特点：

其一，他会根据被解释字的意义与读音，采用训诂等领域的方式，选择读音相近的一个汉字去解读被解释汉字的意思，比如“天，颠也。”这就是用表示“头顶、顶端”，而且读音与“天”接近的“颠”去解释“天”。

其二，因为阴阳五行观念在中国传统文化中的影响，所以许慎也会采用这种观念解释汉字的意思。例如他在解释表示颜色的“青”这个字的时候，用的就是“东方色也”，其寓意是“东方”

鲁公写经图
清
陆恢

与“五行”中的“木”对应，而“五色，青、赤、白、黑、黄”中的“青”恰好也与“木”对应，而且“草木”之色原本就是“青”色，所以“青”就被解释成了“东方色”。

咸在“五味”中举足轻重，但凡烹制食物，盐一般是必不可少的，因此古代经典中才会出现“若作和羹，尔惟盐梅”这样的说法。

唐代楷书泰斗颜真卿曾作《三言拟五杂组二首》，其二是：“五杂组，甘咸醋。往复还，乌与兔。不得已，韶光度。”整首诗的基本立意是感叹时光流逝，其中“乌”指的是也称“踆[3]乌、金乌”等的“太阳鸟”，也指太阳；“兔”指的则是传说中月亮上的“兔子”，也指月亮。太阳与月亮循环往复，所以才会有韶光流逝。

颜诗的第一句“五杂组”，其实从诗的标题“拟五杂组”就可以看出，它指的是古代诗歌的一种体裁——三言六句，其中的“组”最初用的是表示案板的“俎”，大概表示这种诗乃是类似砧板上陈放东西那样的纷杂，所以近似于杂录。

根据考证，这种体裁起源于古乐府，因其首句是“五杂俎”，所以后世就把它当成了这一类诗体的名称，后来还把名称中表示砧板的“俎”改成了“组织”的“组”。

③ 这个字现在读作cūn，古音则有若干种，意思有“退后；踢；蹲”等等。

马王堆汉墓帛画

再行一步

在颜真卿诗文中，“甘咸醋”中的“咸”指的显然是盐的味道，而含有盐分的水往往是制盐的原料，因此，“咸池”这种说法便有了表示“贮存盐卤的水池”或者“含盐量很高的池沼”等意思。例如唐朝时在云南一带为官的樊绰所著的《蛮书 · 云南管内物产》：“蕃中不解煮法，以咸池水沃柴上，以火焚柴成炭，即于炭上掠取盐也。”还有清代顾祖禹编撰的大型地理学巨著《读史方舆纪要》，其中有关陕西部分，也曾经引用三国时期曹魏政权治下一位名叫“如淳”的官吏的话：“城南有咸池，纵广十余里，乡人名为卤中。”这位名叫“如淳”的官吏还曾经注释过《汉书》，他这句被引用的话是叙述当时“莲勺县”的地理环境的。

然而，在古代文献中还有大量完全与“盐卤”无关的“咸池”。例如屈原《离骚》：“路曼曼④其修远兮，吾将上下而求索。饮余马于咸池兮，总余辔乎扶桑。折若木以拂日兮，聊逍遥以相羊⑤。”诗中“咸池”指的是神话中太阳沐浴的地方，“扶桑”“若

④ 也有版本作“漫漫”。

⑤ 意思相当于“徜徉”。

星相仕女图卷
五代
佚名

木”指的则是神话中供太阳憩息和升起的神树，详细内容可以参看《花草字传·满目青翠》。诗人在追寻理想的道路上，要用太阳沐浴的水来饮马，在太阳憩息的树上拴马，还要折下神树的枝条拂拭太阳，这是多么令人心潮澎湃的豪情壮志。

再如清代文人汪森的五言长诗《寄屈翁山⑥》：“苍茫洞庭野，寂默闻咸池。”诗句中的“咸池”来自于《庄子·外篇·天运》中提到的“帝张咸池之乐于洞庭之野”，也就是说“咸池”是古代乐曲名称，据传为黄帝之乐，尧帝又承袭并增修，所以也有“咸池”为尧帝之乐的说法。

如果再查阅更多的古代文献，还可以发现“咸池”还有表示星宿名称和天神等诸多含义。由此可见，这些“咸池”并非表示“盐卤池”的“咸池”。

实际上，就像本篇开头谈到的，表示盐味的“咸”字以前

⑥ 明末清初文学家屈大均表字“翁山”。

西园雅集卷 秦观听陈景元弹阮
宋
刘松年

是还包含“卤”的繁体字形，而“咸”这种字形本身其实也有自身的来源，它在甲骨文里写成等，由“口”和表示一种兵器的“戌”构成。字形的含义虽然众说纷纭，然而绝大多数意见都认可这个字在古代文献里最早、最常见的意思是“皆、同、全、周遍”等，比如王羲之《兰亭集序》：“群贤毕至，少长咸集。”

神话传说中太阳沐浴的“咸池”，表示古乐曲、天神和星宿等含义的“咸池”，其中“咸”字的含义都来自“咸”自身最初的字形，而不是与盐卤有关的那个“鹹”，因此，这些“咸池”自然也就同盐卤一类意思无关了。

表示古代乐曲的“咸池”，在古代也称“大咸”等。例如《周礼·春官宗伯第三》中的“以乐舞教国子，舞云门、大卷、大咸”，其中“云门、大卷”也同“大咸”一样，都是周代乐舞名称。

而说到乐舞“大咸”，也让我们不禁会想到一种古代乐器“阮咸”。唐代文人刘餗[7]在《隋唐嘉话》中就提到过这种乐器：“元行冲[8]宾客为太常少卿，有人于古墓中得铜物，似琵琶而身正圆，莫有识者。元视之曰：‘此阮咸所造乐具。’乃令匠人改以木，为声甚清雅，今呼为阮咸者是也。”由此可见，这种乐器乃是魏晋名士“竹林七贤”之一阮咸所制，是一种初为铜制，后改为木制的拨弦乐器。这种乐器也简称“阮”，正是现在仍然活跃在民乐舞台上的“大阮、中阮、小阮”等乐器的原型。

没想到表示“皆、全”等意思的“咸”还同古代音乐、乐器以及魏晋名士有着那么紧密的关系，而且更有趣的是，“阮咸”这位名士是另一位魏晋名士“竹林七贤”之一阮籍的侄子，后来又过继给阮籍，从而成为后者的“从子”，因此，“阮咸”还成为“侄子”的一种代称。例如唐代诗僧皎然《康造录事宅送太祝侄之虔吉访兄弟》中的“阮咸别曲四座愁”，以及曾经师从皎然的唐代诗人李端《寄上舍人叔》中的“阮咸虽别巷，遥识此时心”，诗句中“阮咸”的意思都是侄子，而不是指魏晋时期的那位名士。

⑦ 这个字读作 sù，原本指鼎中的食物，后来泛指美味佳肴。

⑧ 北魏皇族拓跋氏后裔，唐代文人，开元年间曾任国子监祭酒。

香

xiāng

香

无论是“五味”还是“六味”，烹饪之道无非是调和出让人觉得可口、愉悦的滋味。宋代词人范成大曾经填过一首《朝中措》，词中写道：“身闲身健是生涯。何况好年华。看了十分秋月，重阳更插黄花。消磨景物，瓦盆社酿，石鼎山茶。饱吃红莲①香饭，侬家便是仙家。”词中一派桃花源般的乡野意趣，词人觉得赏月、种花、酿酒、烹茶，再加上香喷喷的早稻米饭，这便是神仙一般的日子。

香，这的确是人们对美食、对美味一种最简明和最实在的感受与褒奖。任何滋味，只要适合品尝者的口味，人们常常都会竖起大拇指说：香！

香

小篆

香

隶书

香

楷书

香

行书

① 一种早稻的雅称。

宋代诗人陆游在《梦行秦晋间有作》诗中也写道："夜店紬[2]衾暖，晨厨粟饭香。驴肩双酒榼[3]，童背一琴囊。"炊饭的米虽然与范成大词中所说的早稻不同，但是诗人同样觉得"粟米"饭也十分香甜。

"香"这个字最初确实与粮食作物有关，从甲骨文、金文一直到小篆，字的上半部分原本写作表示黏黄米那种农作物的"黍"，后来大约从隶书开始才简省成了"禾"。而字的下半部分，最初写作"口"，后来又渐渐演变成甘甜的"甘"，再往后又变成了现代汉字的"日"。无论是粮食作物与"口"组合，还是与"甘"组合，其中的含义都是粮食的甘美滋味。而"甘"演变成"日"则可能属于演变中的错误，或者仅仅是为了字形方面的工整与美观。

宋代词人辛弃疾有一首《西江月·夜行黄沙道中》，词的全文是："明月别枝惊鹊，清风半夜鸣蝉。稻花香里说丰年。听取蛙声一片。七八个星天外，两三点雨山前。旧时茅店社林边。路转溪桥忽见。"

辛弃疾的词，虽然仍然提到丰收之年的水稻作物，但是他所说的"香"已经由滋味的"香"转到了气味的“香”。的确，就像“味道”原本就有味觉、嗅觉两重性一样，“香”确实也兼有滋味与气味两个方面。

对于饮食而言，“香”在一般情况下意味着闻起来和吃起来都能令人产生愉快的感官体验，当然也并不排除的确存在类似“臭豆腐”那种闻起来刺激、吃起来可口的美食。

例如俗话所说的“酒香不怕巷子深”，这个“香”字就应当既表示空气中弥漫的丝丝佳酿醇香，同时也表示美酒入口后的那种绵长滋味。唐代诗人岑参《行军雪后月夜宴王卿家》中的“酒香薰枕席，炉气暖轩除”，还有《送张献心充副使归河西杂句》中的“玉瓶素蚁[4]腊酒香，金鞭白马紫游缰”，诗句中的“香”指的都是佳酿飘散出来的香味。而白居易《题元八[5]溪居》中“更愧殷勤留客意，鱼鲜饭细酒香浓”，则显然是接受友人

② 在这里读作 chóu，意思与“绸”相通。

③ 这个字读作 kē，最初是古代一种盛酒的器具。

④ 指酒浆液面上的细碎泡沫，相当于“绿蚁新醅酒”中的“绿蚁”。

⑤ 白居易被贬为江州司马期间的一位友人。

款待之后的感受，所以酒香指的一定是美酒入口的那份绵长了。

古代文人，无论是会客，还是自身日常生活，酒和茶常常是形影不离的一对儿，“把酒东篱”“扫雪烹茶[⑥]”都是人生的雅趣。白居易在《题施山人野居》中，表达的就是育秧、炒茶时节对人生的感悟。该诗全文如下：

得道应无著[⑦]，谋生亦不妨。春泥秧稻暖，夜火焙茶香。水巷风尘少，松斋日月长。高闲真是贵，何处觅侯王。

开篇第一句的大致意思是参悟真理的时候，应当避免执着于一些事物的表面现象，其实也就是告诉人们不要被事物的一些表象所迷惑和干扰。第三句的“秧”在诗里的意思是“移植、培育”等，表示水稻播种之后，已经到了移植苗圃的育秧阶段。再加上第四句“夜火焙茶香”，一幅清明前后育苗、采茶的乡村美景就跃然纸上了。在远离喧嚣的闾巷，总会少些车马风尘；在松荫蔽日的房舍，人们也总是觉得时光似乎放慢了脚步。享受着如此宁静、悠闲的日子，人又怎么可能去想封王封侯的事情呢。

的确，以茶、酒为伴，清香、醇香时常萦绕周遭，它们已经足以成就诗意人生。这样的生活对于古代文人来说，常常意味着一种追求恬淡的生活境界。

⑥ 宋代开国功臣陶穀有“扫雪烹茶”的典故。

⑦ 这里读作 zhuó。

香

陶穀赠词图
明
唐寅

再行一步

古代文人品酒品茶，常常也会伴随着弄月赏花，而千娇百媚的群芳，除了绰约的身姿、艳丽的色彩，那丝丝缕缕的馨香也是令人爽心、忘忧的良方。

桃红柳绿时节，宋代诗人宋祁曾经创作多首吟颂桃花的《桃》，其中一首写道："春香摇曳夏阴繁，蹊[8]曲愔愔[9]静可攀。不是仙园三食罢，何缘灵核到人间。"前两句诗描写的是寂静之处桃花芬芳；后两句则提到西王母用仙桃款待汉武帝的传说，而且根据传说，汉武帝享用仙桃之后，还把桃核带回了人间。

春去夏来，秋风渐起，无论是丁香、茉莉，还是丹桂、金菊，大自然慷慨地用四时馨香熏染着人间、浸润着世人。就算是到了千里冰封、万里雪飘的隆冬时节，大千世界也依然"犹有花枝俏[10]"，这寒风凛冽中的点点生机，曾经给多少人带来踏雪寻梅的乐趣。

素有"梅妻鹤子"之称的宋代词人林逋[11]以两首《山园小梅》在古代文坛独占咏梅诗的鳌头。其中一首写道："众芳摇落独

⑧ 这里读作 xī，意思是小径。

⑨ 这个字读作 yīn，"愔愔"的意思是安静和悦、寂静深沉等。

⑩ 摘自毛泽东《卜算子·咏梅》。

⑪ 这个字读作 bū，最初的意思是逃走。

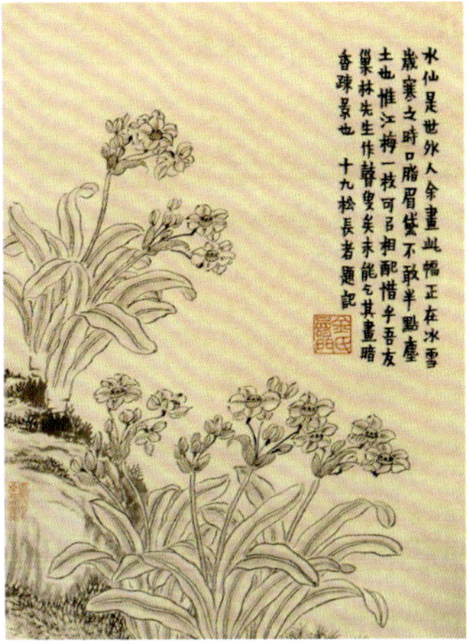

花卉册 暗香图
清
金农

暄妍，占尽风情向小园。疏影横斜水清浅，暗香浮动月黄昏。”这几句诗把蜡梅在严寒季节一枝独秀、枝条疏朗、淡香萦绕的特性表现得淋漓尽致。

的确，与某些鲜花的浓郁馨香相比，梅花的香确实没有那么馥郁，但是依然沁人心脾，而且有些品种的花香也比较明显，比如有一种称作“黄香梅”的蜡梅，宋代诗人范成大在其所著《范村梅谱》中就曾经写道：“百叶缃梅，亦名黄香梅，亦名千叶香梅，花叶至二十余瓣，心色微黄，花头差小而繁密，别有一种芳香”。

寻梅图轴
明
朱端

蜡梅山禽图
宋
赵佶

这种梅花显然有多个名称，因此，在古代诗文中不乏它的身影。例如黄庭坚《出礼部试院王才元惠梅花三种皆妙绝戏答》之三："病夫中岁屏杯杓[12]，百叶缃梅触拨人。拂杀官黄春有思，满城桃李不能春。"还有陆游《小园春思》："重[13]台谖草[14]初

⑫ 在这里读作 sháo，意思同"勺"。

⑬ 这里读作 zhòng。"重台"在这里的意思是"复瓣"，或者指"同一枝上开出的两朵花"。

⑭ 即"萱草"。

离土，百叶缃梅已满枝。莫道山家杀风景，也能醉倒向东篱。”以及杨万里《蜡梅》之一：“来从真蜡国，自号小黄香。”

黄香蜡梅的品种确属多样，比如现在比较常见的就有“曹王黄香、黄山黄香、南京复黄香”等多个品种。此外，“黄香”还是我国古代一位非常著名的孝子的名字。

根据《后汉书·卷八十上·文苑列传第七十上》记载：

黄香字文彊，江夏安陆人也。年九岁，失母，思慕憔悴，殆不免丧，乡人称其至孝……香家贫，内无仆妾，躬执苦勤，尽心奉养。遂博学经典，究精道术，能文章，京师号曰“天下无双江夏黄童”……

永元四年，拜左丞……累迁尚书令……时被水年饥，乃分奉禄及所得赏赐班赡贫者，于是丰富之家各出义谷，助官禀贷，荒民获全。

从史书记载来看，黄香自幼聪颖，而且孝顺双亲，成名、为官之后，也能体恤民众疾苦，于灾荒之年还能拿出自己的俸禄救济灾民。更为人称道的是，民间还流传着“黄香扇枕”“黄香温席”等故事，说的是黄香在母亲去世之后，更加孝顺父亲，夏天的时候为了让父亲避暑，就用扇子扇父亲的枕席使其降温；在天气寒凉的时候，他又会先躺在父亲的枕席上，用自己的体温为父亲暖被窝。

这些用自己力所能及的方式孝顺父母的举动，的确充分反映了我们中华民族的优秀传统美德，因此，“黄香”就不再仅是局限于寒英缀满枝头的那一种清芬，它同时还传递了中华美德的那一缕绵延不绝的芳香。

当然，中华民族之所以能够薪火相继、生生不息，其原因必然是多种多样的，而其中，我们重视和提倡“以农为本”便是一个至关重要的因素。因为无论是“温饱”还是“小康”，民众能够吃饱肚子，并且不会为饥饿担忧，这才是社会稳定、和谐和发展的基本条件之一。

而“香”这个字就像前面谈到的一样，它最初的意思就是农作物的甘美滋味。孔子十世孙、汉代经学家孔安国在《尚书正义·卷十二·洪范第六》中曾经写道：“甘味生于百谷。”这句话除了表达甘香的滋味源于百谷之外，通过上下文，我们还可以了解到，百谷生于土壤，所以古人也认为土地本身就具有甘香的属性，例如《礼记·月令》：“中央土……其味甘，其臭香。”这段话说的就是能够生长百谷的沃土，它们性味甘美，气味馨香。这种意识其实反映了中华祖先对土地的热爱与尊重，是饮水思源、不忘根本的最真实写照。

林和靖梅花图
宋
马远

鲜

xiān

鲜

前面谈论“甜”的时候，曾经提到藕芽、湖鱼之“甜”显然并不局限于特定的甜味，而是表示“清甜、鲜甜”等。由此，我们可以看出，“鲜”与“甜”存在着比较密切的内在联系。

我国当代作家碧野的散文《天山景物记》是中学语文教材的传统篇目，文章中就写道：“天山蘑菇又嫩又肥厚，又大又鲜甜……你把鲜蘑菇在溪水里洗净，不要油，不要盐，光是白煮来吃就有一种特别鲜甜的滋味”。

明代文人许次纾[1]的传世之作《茶疏》，里面谈到烹茶用水的时候，有这样几句话：“今时品水，必首惠泉，甘鲜膏腴，致足贵也。”这里提到烹茶首

小篆

隶书

楷书

行书

① 这个字读作 shū，最初意思是“缓和、延缓”等。

选的“惠泉”，指的是被“茶圣”陆羽认定为“天下第二泉”的无锡惠山的一眼泉水。清代文人袁枚在《随园食单》里则多次用“甘鲜”形容竹笋、无锡惠山泉水酿造的酒以及“黄芽菜根火腿”等菜品的鲜美滋味。

由此可见，“鲜”在饮食之中始终是给人带来甘美享受的一种滋味。

“鲜”这个字按照《说文解字》等古代工具书的解释，它本身有三个来源：一个是这种字形本身；另一个是最初由三个“鱼”字构成的一种字形“鱻[②]”；还有一个是原本由“是”和“少[③]”构成、读音是xiǎn的字形。

第一个来源的“鲜”，左边的“鱼”表示字的意思和鱼有关，右边是三个“羊”字构成的“羴[④]”的省略，它的读音是shān，表示“鲜”的读音与它接近。

根据古代工具书以及古代典籍中的用例，“鲜”最初可能是某种鱼的名称，也可能表示活鱼、鲜鱼等，现在不少餐馆橱窗上醒目的“海鲜、河鲜”等字样，其含义就是告诉消费者“我这里的食材都是鲜活的”。

老子《道德经》第六十章中讲道：“治大国，若烹小鲜。”这里的“小鲜”指的是个头很小的活鱼、鲜鱼。这句话的意思是处理国家事务，要像烹制小鱼那样尽量简易，避免程序上的繁复或者把问题复杂化。一些古代典籍已经解释过，比较小的鱼一般都要整条烹煮，因为如果一味坚持去鳞、去肠等加工环节，小鱼则有可能散成肉泥，所以“烹小鲜”意味着简化程序。后世用“治大国若烹小鲜”表示“驾轻就熟、容易”等等，是把这句话的原意演绎之后的一种用法。

由于表示活鱼或者鲜鱼，“鲜”随之也产生了表示“刚宰杀的鸟兽”等意思。比如宋代词人王千秋曾经填过一首《喜迁莺》，其中写道：“嗾[5]犬擎苍，腰箭随邻里。藉草烹鲜，枯枝煎茗，点化玉花[6]为水。”这几句话描述的是冬季打猎的情景，一众乡邻结伴而行，架鹰驱犬，携弓带箭，聚拢枯枝干草烹制野味，融

祝允明诗文山水图册
清
石涛

② 这种字形现在作为“鲜”的异体字已经停止使用。

③ 这里读作 shǎo。

④ 这个字现在作为“膻”的异体字已经停止使用。

⑤ 这个字读作 sǒu，表示指使犬只的声音。

⑥ 在这里表示“雪”。

化雪水煮制热气腾腾的茶汤。

一般情况下，新鲜的食物总是意味着滋味鲜美，所以“鲜”就有了味道鲜美的含义。如元末明初文学家宋濂的《送东阳马生序》：“寓逆旅[7]，主人日再食[8]，无鲜肥滋味之享。”鲁迅先生在《彷徨·伤逝》中写道：“油鸡们也逐渐成为肴馔，我们和阿随都享用了十多日的鲜肥。”其中的“鲜肥”指的都是味道鲜美的鸡鱼等肉类美味。

而表示滋味鲜美的“鲜”，大致就同第二个来源、原本写成三个“鱼”字的“鲜”产生了交集，或者说彼此间有了汇合的态势。《说文解字》中把第二个来源的“鲜”解释成：“新鱼精也。”

段玉裁在《说文解字注》里则进一步解释说“精”其实应当是表示“把鱼跟肉烹煮在一起的菜肴——鲭[9]”。而且说其中隐含的意思是用新鲜的、也就是刚宰杀的鱼烹制菜肴。

段玉裁还注意到在古代文献中，两个来源的“鲜”渐渐呈现出合二为一的倾向，原本由三个“鱼”构成的字形逐渐淡出了历史舞台。

番部雪围图卷（局部）
辽
胡虔（款）

此外，段玉裁在解释中提到的“五侯鲭”，的确与“轻烟散入五侯家⑩”中的“五侯”颇有渊源。“五侯”指的正是汉成帝分封的五个王侯，他们都是汉成帝的舅父。这几位封侯之后个个飞扬跋扈、穷奢极欲，过着花天酒地的豪奢生活。“五侯鲭”说的是他们每天都要享用鲜鱼烹制的菜肴，还经常把美食赐予当时一位以能说会道著称的官宦娄护，而后者则把他们赏赐的佳肴烩在一起再享用，这便是“五侯鲭”的起缘。

⑦ 指客舍、旅店。

⑧ “食”在这里读作sì。“再食”的意思是提供两顿饭。

⑨ 在这里读作zhēng。

⑩ 摘自唐代诗人韩翃的《寒食》。

再行一步

除了表示“新鲜的鱼肉”等意思，“鲜”读作 xiǎn 的时候，则表示“少、罕见、稀少、稀罕”等意思。但是，对于最初由“是”和“少”构成的那种字形，在构字理据方面则有多种解释，好在对于字义各方意见并无太大争议，而且也都认为“鲜”替代那种字形的情况一直比较普遍，并最终完全取代了那种字形。

《诗经·大雅·荡》里面有这样两句诗：“靡不有初，鲜克有终。”诗句的大致意思是人们做任何事情，往往在开始的时候都是热情高涨，所以一般都不会出现不好的开端；然而随着人们日渐疲乏以及新鲜感和热情的消退，惰性便因此抬头，故而很少见到能够善始善终的情况。到唐代的时候，当时的朝廷重臣魏征在《谏太宗十思疏》中，又把这种意思发挥成：“有善始者实繁，能克终者盖寡。”其中的“寡”与前面《诗经·大雅》篇中的“鲜”意思基本相同。

实际上不难看出，鲜少的东西往往也是让人感到新奇的东西，因此表示“新鲜、新奇”的“鲜”与表示“鲜少”的“鲜”

鲜

画鱼藻
清
马文麟

从一开始就有一定的内在联系，于是，便出现了“屡见不鲜、累见不鲜、数[11]见不鲜”等说法，其中的“鲜”理解成“新奇”或者“稀少”似乎均无不可。

然而，从此类说法产生的源头观察，就像清代顾炎武在《日知录》中所言：“‘数见不鲜’，意必秦时人语，犹今人所谓‘常来之客不杀鸡’也。”再参考其他古代文献，显然，在这些情况下，“鲜”最初与用新鲜的鱼肉等招待客人有关，所以它一定是表示“新鲜”的“鲜”。只是后来意思虚化和宽泛之后，“鲜”表示鲜活食物的意思便没有那么清晰了。

明代文人王叔承在《游金焦两山记》中写道：“顷之，客有买鲥鱼来者，果鲜活色青，鳃微开合，遂烹鱼”，句中的“鲜活”描写的正是刚刚出水的鲥鱼新鲜而充满活力的状态。这样

⑪ 在这里读作 shuò，意思是屡次等。

的意思再发展，“鲜活”也就产生了新鲜灵动、鲜明生动等含义。例如唐代诗人章孝标的七言古诗《织绫词》：“今年蚕好缲[12]白丝，鸟鲜花活人不知。瑶台雪里鹤张翅，禁苑风前梅折枝。”诗句中的“鲜、活”指的就是丝帛上绣出的花鸟图案栩栩如生，一如诗中所列举的仙鹤张翅、蜡梅折枝等。

当代作家陈忠实在《白鹿原》中，也有几句话描写一个已经饿了好儿天肚子的人物，当他听到可以去吃“舍饭[13]”的时候，内心便出现了这样的反应：“饭已经十分陌生，现在又变得十分切近十分鲜活十分生动。”寥寥数语，饥饿者眼中饭的生动以及饥饿者想要吃饭的急切心情，一并真切地呈现在我们眼前。

明代散文家刘侗、于奕正合著《帝京景物略》卷七有两句诗：“雨后蝌蚪化，新蒲出鲜水。”诗句描写的是降雨之后，清新的湖水中蝌蚪蜕变、香蒲新生的迷人景致。其中“鲜水”表示的是得到雨水补充之后的清新湖水。

然而，古代文献中还存在着不少用到“鲜水”的例子，它们似乎与水的新鲜与否并无关联，例如《汉书・卷六十九・赵充国辛庆忌传第三十九》：“分兵并出张掖、酒泉合击罕、开

⑫ 在这里读作 sāo，意思与“缫”相同，即煮茧抽丝。

⑬ 向饥饿贫穷者提供免费食物的一种善举。

溪山雨后
清
吴历

在鲜水上者……以七月二十二日击罕羌，入鲜水北句廉[14]上……治湟狭以西道桥七十所，令可至鲜水左右。”文献中多次提到的“鲜水”显然是一条河流的名称，而且这条河流在其他古代文献中也多次出现。

根据后来一些学者的考证，这条河流应当是现在甘肃省内最大的内陆河黑河。该河在西汉时地处西北边陲，流域周围生活着当时称作“先零[15]”的一支属于羌族的族群，又因为“鲜”和“先”读音相同，所以就用“鲜”命名了这条河流。

同样的，现在的“青海湖”在古代称“鲜水海”，也是“鲜”“先”同音的借用。

“鲜”在这种情况下的用例，更能使我们相信中华文明数千年来的生动历史，是生活在这块广袤土地上的各兄弟民族共同创造的辉煌历史。

⑭ 指堤岸曲折、凹凸、不平之处。　⑮ 在这里读作 lián。

淡

dàn

淡

谈论与味道有关的问题时，有一个比较有趣的现象，那就是我们一般都认为“咸”与“淡”是对立的，“淡”是相对于“咸”而言的。例如清代文人袁枚的《随园食单》中有这样一段记述：“名手调羹，咸淡合宜……则调味者，宁淡毋咸；淡可加盐以救之，咸则不能使之再淡矣。”看起来，这种认识自古就有。

而实际上，与“淡”相对的首先应当是味道等的“厚重”和“浓重”，而不仅仅是盐味重。例如《礼记·表记》：“君子淡以成，小人甘以坏。”这里与“淡”相对的是原本表示“鲜甜、香甜、甜蜜”等意思的“甘”，虽然这两句话谈论的并不是食物的味道，但是显然在本质上

淡
小篆

淡
隶书

淡
楷书

淡
行书

与味道具有共通性。

再如《荀子·正名》："甘、苦、咸、淡、辛、酸，奇味，以口异。"这里看似"咸"和"淡"被一并提到，但是如果再参照《大般①涅盘②经》卷一："其食甘美，有六种味：一苦、二醋、三甘、四辛、五咸、六淡。"还有李时珍《本草纲目·序例·十剂》引金代医学家刘完素的言论："酸、苦、辛、咸、甘、淡，六味成乎地。"很显然，"淡"属于"六味"之一，它和一般所说的"酸、苦、辛、咸、甘"等"五味"是并列关系。

"淡"这个字由"氵"和"炎"构成，"氵"表示字的意思与水有关，"炎"表示字的读音与它接近。《说文解字》中对"淡"的解释是："薄味也。"段玉裁在《说文解字注》中则进一步解释说，"淡"与表示酒香厚重的"酴"相反。而宋代陈彭年等人编修的《广韵》则把它直接解释成："水味。"可见，"淡"最初的意思与水或者液体具有密不可分的关系。

综合多种古代文献，就味道而言，"淡"大致一方面表示味道不浓；另一方面则表示各种味道比较平衡、和洽，就像《管子·水地》篇中所说的那样："淡也者，五味之中也。"其中的"中"指的应当是中和、平衡等。当然，也有意见认为《管子》这句话里面的"中"指的是"中心"。如果按照这种解释，再参看这句话的上下文，实际上"中"也可以理解成"核心、本质"这一类意思。

根据许慎用"薄"来解释"淡"，可以看出"薄"与"淡"意思相近，而且现在在一些地区的方言中，谈论食物味道的时候，仍然用"薄"表示味道不浓这样的意思。但是，由于"薄"字包含"艹"，根据常识判断，它最初的意思应当与草木相关，而不是味道。

"薄"这个字上面的"艹"表示字的意思与草木有关，下面的"溥"表示字的读音与它接近。《说文解字》中对"薄"的解释是："林薄也。"段玉裁在《说

① 这里读作 bō。

② 同"涅槃"。

文解字注》里则引用前人文献并提出了自己的看法："薄、不入之丛也。按林木相迫不可入曰薄。引伸凡相迫皆曰薄……相迫则无间可入。凡物之单薄不厚者，亦无间可入。故引伸为厚薄之薄。"

根据许、段两位的解释，我们可以知道"薄"最初的意思是草木密集丛生之处，例如《淮南子·原道》中的"隐于榛薄之中"。后来由"密集"的含义又产生了"迫近、接近"等意思，比如"日薄西山"，还有《左传·僖[3]公二十三年》中的"薄而观之"。

再往后，它又从"挨得太近、空隙很小"等意思发展出"距离很短、不厚"这样的意思，然后再从"不厚"这种含义进一步发展出了"不浓、淡"等意思，比如"薄酒、薄味"等等。

当请客的主人对宾客说"聊备薄酒，不成敬意"的时候，他的意思往往并不是说酒味很淡，而是表示准备的东西并不丰盛，有些怠慢客人。其实这是一种社交中的客套与自谦，一般与食物的丰盛与否并没有什么直接关系。

袁枚在《随园食单》中有一段颇具哲理的话："味

淡

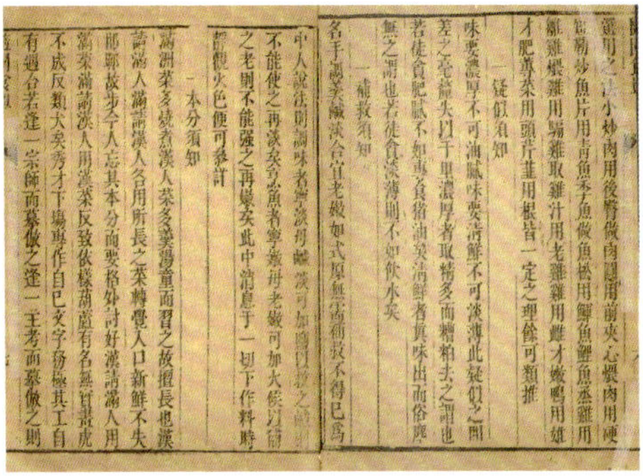

隨園食單

選用之法小炒肉用後臀做肉圓用前夾心煨肉用硬
短勒炒魚片用青魚季魚做魚松用鯶魚鯉魚蒸雞用
雛雞煨雞用騸雞取雞汁用老雞雞用雌才嫩鴨用雄
才肥蓴菜用頭芹韭用根皆一定之理餘可類推

一疑似須知

味要濃厚不可油膩味要清鮮不可淡薄此疑似之間
差之毫釐失以千里濃厚者取精多而糟粕去之謂也
若徒貪肥膩不如專食豬油矣清鮮者真味出而俗塵
無之謂也若徒貪淡薄則不如飲水矣

一補救須知

名手調羹鹹淡合宜老嫩如式原無須補救不得已爲
中人說法則調味者寧淡毋鹹淡可加鹽以救之鹹則
不能使之再淡矣烹魚者寧嫩毋老嫩可加火候以補
之老則不能強之再嫩矣此中消息于一切下作料時
靜觀火色便可參詳

一本分須知

滿洲菜多燒煮漢人菜多羹湯童而習之故擅長也漢
請滿人滿請漢人各用所長之菜轉覺入口新鮮不失
邯鄲故步今人忘其本分而要格外討好漢請滿人用
滿菜滿請漢人用漢菜反致依樣葫蘆有名無實畫虎
不成反類犬矣秀才下場專作自己文字務極其工自
有遇合若逢一宗師而摹倣之逢一主考而摹倣之則

隨园食单 补救须知

清

袁枚

夕阳秋影图

清

吴历

要浓厚，不可油腻；味要清鲜，不可淡薄。此疑似之间，差之毫厘，失以千里。浓厚者，取精多而糟粕去之谓也；若徒贪肥腻，不如专食猪油矣。清鲜者，真味出而俗尘无之谓也；若徒贪淡薄，则不如饮水矣。”很显然，清鲜与淡薄不可相提并论。

③ 这个字读作 xī。

再行一步

按照段玉裁在《说文解字注》中对“淡”的解释，它还有酒味不浓的意思，而在古代表示类似含义的，其实还有一个“凉”字。

“凉”实际上最初由“氵”和“京”构成，左边的“氵”表示字的意思与水或者液体有关，右边的“京”表示字的读音与它接近。《说文解字》中对“凉”的解释是：“薄也。”而段玉裁在《说文解字注》里则说：“许云薄也。盖薄下夺一酒字。以水和酒。故为薄酒。”他的意思是后世在传抄《说文解字》的过程中，这个地方漏掉了一个“酒”字，“夺”在这里的意思就是漏掉，所以“凉”应当表示把水掺到酒里使酒味变淡。例如《周礼·天官·浆人》：“掌共王之六饮：水、浆、醴、凉、医、酏[④]，入于酒府。”句子中的“凉”指的就是一种味道不浓的酒，如果按照现在的表述习惯，或许相当于度数不高的酒。

“凉”“薄”意义相通，所以段玉裁还写道：“薄则生寒。又引伸为寒。如北风其凉是也。”解释中的“北风其凉”是《诗

④“医”的繁体字形包含“酉”，原本就表示字的意思与“酒”有关。“酏”读作 yǐ，这里指一种味道比较淡的米酒。

经·邶风·北风》中的一句诗。后来，为了表示“微寒”的意思，所以就又创造出我们现在使用的“凉”字，而左边原本是“冫”的那种字形则退出了历史舞台。

于人情世故而言，“淡薄”“凉薄”一般都是令人内心微苦的感觉，例如清宗室爱新觉罗·寿富的《送赞臣之山东》：“屈指平生交，大半少始终。岂其人凉薄，罪实在我躬。”这是这位官宦子弟送别友人的作品，他感慨自己这一生交往过的人不在少数，但是大都属于泛泛之交，能够成为至交的寥寥无几、屈指可数。之所以出现这种情况并非是因人情凉薄，其原因却是在于其自身。诗句中的“我躬”指的就是“我自己”，比如《诗经·小雅·小弁[5]》和《诗经·邶风·谷风》两篇中都有：“我躬不阅，遑恤我后。”诗句的大致意思是我自己已经自顾不暇，还哪里有时间去顾及我身后的事情呢。

然而从另一方面看，从古至今人们都崇尚并追求“君子之交淡如水”。这里所说的“淡”，并非寡淡、并非无趣、无味，而是意指与“五味之中”意思类似的自然、质朴或和谐等，它所蕴含或者提倡的是避免因人为雕饰和刻意营造而形成的那种

⑤ 在这里古音读作pán，意思是快乐。

甜腻与浓烈。

太过浓厚、浓重及至浓烈的味道，常常会让人产生“齁[6]”的感觉。“齁”这种说法在口语里不算太少见，但这个字在书面语中确实属于不太常用的字。

“齁”这个字左边的“鼻”表示字的意思与鼻子有关，右边的“句”原本读作 gōu，表示字的读音与它接近。“齁”最初的意思是人入睡后打鼾的声音，例如苏轼《庚辰岁正月十二日天门冬酒熟予自漉之且漉且尝遂以大醉二首》中有云：“醉乡杳杳谁同梦，睡息齁齁得自闻。”

因为“打鼾”以及“齁”后来又产生的哮喘等意思，所以“齁”基本上一直围绕鼻咽部不太舒服这样的意思打转，于是，它后

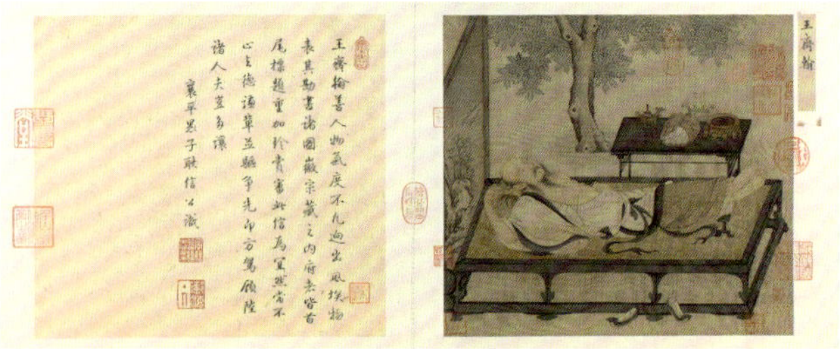

槐荫消夏图
宋
佚名绘 签题王齐翰作

⑥ 这个字读作 hōu。

来就产生了“吃太咸或太甜的东西后使喉咙不舒服”这样的意思，比如“汤里的盐放多了，有点齁”。

从“齁”的意思不难看出，“淡”与“齁”之间完全不可能产生什么关联。而在古代，却存在着一个原本表示“水波晃动”，后来也表示“安静、恬静”的“澹”字，它和“淡”在表示“不浓”等意思上一直有着通用关系。例如东汉哲学家王充的《论衡·自纪》中有：“狄牙和膳，肴无澹味。”句中“狄牙”指的是商汤时期由庖厨转而成为商汤重臣的“易牙”，他也是中华烹饪的鼻祖之一。再如杜甫五言诗《两当县吴十侍御江上宅》：“寒城朝烟澹，山谷落叶赤。”这应当是清晨薄雾笼罩、山谷红叶飘落的秋季美景。

然而，现在表示“恬淡”“不热衷”等意思的“淡泊”，表示“不经心、不在意”等意思的“淡然”，虽然以前确实存在使用“澹”的情况，但是根据中华人民共和国教育部、国家语言文字工作委员会于 2001 年 12 月 19 日发布的语言文字规范《第一批异形词整理表》(GF1001-2001)，规范词形只能使用“淡泊”和“淡然”了。

腻

nì

膩

小篆

隶书

楷书

行书

味道鲜美的食物，除了能够满足人的食欲，还能给人带来味觉方面的享受。然而，再鲜美的食物，如果天天吃、顿顿吃，也会让人觉得厌烦，很容易引起我们平常称之为“吃腻了”的现象。宋代文学家李昉[1]等编撰的大型文言小说集《太平广记》中，第二百三十四卷在谈到“五侯鲭[2]”的时候写道：“每天，五位侯爷都各自派人送来饭食菜肴给他吃。娄护吃得有些腻烦了”。这位名叫娄护的人，在汉代以口才好、善辞令著称，因此成为不少王侯府邸的座上宾，但是天天山珍海味、鸡鸭鱼肉也让他感到厌烦。

“腻”这个字由“月”和大写数字“贰”构成，左边的“月”表示字的意思与肉

① 这个字读作 fǎng，意思是“明亮”等。

② 在这里读作zhēng。“五侯鲭”详见“鲜”字相关内容。

有关，右边的“贰”表示字的读音与它接近，因为在古代汉语以及现在的一些方言里，“贰”和“腻”的韵母很相似。

《说文解字》中对“腻”的解释是：“上肥也。”段玉裁在《说文解字注》里则进一步解释说：“谓在上者。”意思是说“腻”指的是动物肌体组织中最上面、也就是最表面的那一层脂肪。汉代文学家扬雄在《太玄经》里曾经写道：“脂牛正肪，不濯釜而烹，则欧歍[3]之疾至。”句子的大致意思是如果不把锅洗刷干净就烹煮比较肥的牛肉，可能会引起恶心、呕吐等现象。

明代文人张燮[4]所著《东西洋考》，里面谈到从海路传入我国的域外物产时，有这样几句话：“《异物志》曰：甘薯似芋，亦有巨魁。去皮，肌肉正白如脂肪”。这里谈论的是现在我们也称作“番薯、地瓜、红薯、白薯、山芋、红苕”等的那种植物以及它的块根。虽然句中的“脂肪”是一种形容，但是“脂肪”的确不是动物所特有，许多植物中都含有这类油脂性物质。

而最初表示动物类“脂肪”的“腻”，后来也就产生了一般的“油腻”甚至是“垢腻”等含义。

明代茶学家许次纾在《茶疏》中谈论焙炒新茶的时候，写过这么几句话："炒茶之器，最嫌新铁。铁腥一入，不复有香。尤忌脂腻，害甚于铁。"很显然，新铁锅或者沾有油腻的铁锅，都不适宜用来炒制新茶，因为铁味和油腻都会破坏新茶的香味。

明末文人周高起则在《阳羡[5]茗壶系》中，谈论过宜兴名品紫砂壶，书中有："壶入用久，涤拭日加，自发暗[6]然之光，入手可鉴，此为书房雅供。若腻滓谰[7]斑，油光烁烁……最为贱相。"这里谈论的是饮茶之人用壶、养壶之道，洗涤、擦拭必不可少，若是壶身油迹斑斑，将会使茶壶显出一副破烂相。

饮食之中，如果进食油腻过多，同样也会让人产生不清爽、不想吃的感觉。清代名医龙绘堂的著作《蠢子医》里面有一句"肥浓腻人痞闷生"，表达的就是含油

③ 这个字读作 wū，意思是恶心、呕吐。

④ 这个字读作 xiè，最基本意思是调和。

⑤ 秦代置"阳羡县"，即现今江苏宜兴。

⑥ 原文用的是最初表示闭门，后来也表示幽暗的"闇"，现在作为"暗"的异体字已经停止使用。

⑦ 应当是"斓"。

脂多的厚味食品一般都会比较腻人，而且也容易引起胸脘[8]痞硬、懑闷等症状。

而导致腻人现象出现的原因，往往是食品本身肥腻。“肥”这个字左边的“月”表示字的意思与肉有关，右边的“巴”原本写作“卩[9]”或者“巳”，但是对于它在“肥”字里究竟起什么作用，一直存在着不同意见。

“肥”最初的意思基本都认为表示肉多或者动物肉质丰满，例如《孟子・梁惠王上》：“庖有肥肉，厩有肥马。”还有唐代诗人张志和的《渔父歌》：“西塞山前白鹭飞，桃花流水鳜鱼肥。”

这种意思再往后发展，“肥”就逐渐产生了“油脂多的”这种含义。宋代诗人梅尧臣有一首《和表臣河南庾署西轩》，诗中写道：“白鱼甘肥网可得，公酒美滑杯可持。”诗句中的“白鱼”肥腴而又肥美，实在是烧制菜肴的极好材料。

美食可口，所以“甘肥”后来也常常表示美味，比如陶渊明就曾经作过一首《有会[10]而作》诗，诗里有两句：“菽麦实所羡，孰敢慕甘肥。”这是诗人在

杂画图 鳜鱼
清
边寿民

⑧ 这个字读作 wǎn，意思是胃的内部。

⑨ 这个字读作 jié，意思和表示关节、符节的“节”相同。

⑩ 这里表示感悟和领会。

⑪ 在这里意思相当于“所”，“攸志”大致就是“所愿”。

年老而又贫困的境遇中，安贫乐道，自我勉励的言辞，意思是粗茶淡饭已经足够，哪里还能再去贪羡精美的饮食呢。诗的后面还有两句：“斯滥岂攸⑪志，固穷夙所归。”这两句诗源自《论语·卫灵公》：“君子固穷，小人穷斯滥矣。”诗句的大致意思是小人的作为非我所愿，而守着贫穷却能保持节操、胸怀理想的那种君子风范才是我的追求。

再行一步

君子与小人，就像杭州西湖岳王庙的对联所写的“正邪自古同冰炭”一样，从古至今一直就是水火不相容的两种人。清代署名山阴金先生的《格言联璧》中有一段论说君子与小人的话：“君子犹水也，其性冲，其质白，其味淡；其为用也，可以浣不洁者而使洁。即沸汤中投以油，亦自分别而不相混。诚哉君子也！小人譬油也，其性滑，其质腻，其味浓；其为用也，可以污洁者而使不洁。倘滚油中投以水，必至激搏而不相容。诚哉小人也！”

这段话妙就妙在以食物及其特征、口感“淡、浓、滑、腻”等比喻人的品性，把君子与小人都写得活灵活现。看起来，油腻的东西似乎具有很负面的形象。

宋代文人黎靖德编纂的《朱子语类》中，也有几句谈论财物的话：“财，犹腻也，近则污人，豪杰之士耻言之。”可以说这几句话反映了古人对于身外之物、个人利益的基本认识与态度，主张做人不能一味趋利和贪求钱财。

然而，肥腻的东西也并非一无是处，比如“环肥燕瘦”中的“环肥”，这种说法就间接反映了盛唐时代的审美标准。

另外，《管子·八观》里曾经写道：“壤地肥饶，则桑麻易植也。”宋代词人王观在《扬州芍药谱》中，论说种花土壤的时候，也写道：“维扬[12]大抵土壤肥腻，于草木为宜。”土地肥沃，这对以种植为业的人来说绝对属于好消息。土壤肥沃，才会生长出茂盛、茁壮的植物，故此，清代书画家董诰等人编纂的《全唐文》中才会有“至于雪山，兹山纯白，厥草肥腻”。

植物的“腻”显然来自油脂的细腻、饱满和顺滑等含义，宋代文人晁贯说之在其所著《晁氏墨经》中写道：“自昔东山之松，色泽肥腻，性质沉重，品惟上上，然今不复有。”昔日的制墨良材不复再有，可以想见作者的遗憾与沮丧。

妇孺皆知的女词人李清照填过一首《渔家傲》，她笔下的梅花是如此模样：“雪里已知春信至。寒梅点缀琼枝腻。香脸半开娇旖旎。当庭际。玉人浴出新妆洗。”词句中的“腻”描写的是被冰雪包裹的梅树枝就像凝脂一样幼滑、柔润和光洁。

而实际上，根据古代一些文字学家的意见，把“腻”与“冰雪”“凝脂”联系在一起的现象自《诗经》时代就已经开始，

⑫扬州的别称，该名称在《尚书·禹贡》中即已出现。

例如段玉裁在《说文解字注》里解释“腻”的时候，就写道：“《释器》曰：冰，脂也”，“《庄子》：肌肤若冰雪。冰雪，脂膏也”，“冰、凝古今字。《毛诗》肤如凝脂，同也。”

段玉裁的解释，一方面提到了古代另一部工具书《尔雅》的《释器》篇里用“脂”解释“冰”的情况，而且还提到“冰”和“凝”是不同时代表示相同意思的两个字；另一方面，他还举《庄子》中：“藐姑射之山，有神人居焉，肌肤若冰雪，绰约若处子”，以及《诗经·卫风·硕人》中：“手如柔荑，肤如凝脂”这两个例子，说明“冰雪、脂膏、凝脂”几者之间的关联。由此我们可以看出，原本表示脂膏的“腻”，由于状态方面的相似，它便有了“冰雪”的寓意，可以用来表达那种冰清玉洁、柔润晶莹的形态。

“腻”正是由于具有“润泽细致”以及“黏”等含义，在古代诗文中才会有很多用例，比如白居易《题令狐家木兰花》中的“腻如玉指涂朱粉”，还有被称作“诗鬼”的李贺，他在《杂曲歌辞·十二月乐辞·四月》中也写道：“依微香雨青氛氲，腻叶蟠花照曲门。”烟雨朦胧中，饱满润泽的叶片和艳丽的花

顾绣花卉虫鱼图册 湖石花蝶
明
韩希孟

朵若隐若现，这的确是一片令人神清气爽的景致。

然而，用“腻”表现雨后景象的北宋文学家欧阳修，他在《望江南》一首词中似乎把“腻”用得更耐咀嚼，他写的是一双蝴蝶：“微雨后，薄翅腻烟光。才伴游蜂来小院，又随飞絮过东墙。长是为花忙。”“腻”有“黏”的含义，所以在这里可以理解成“浸染、浸润”等。蝴蝶的翅膀浸染了水汽和阳光，这无疑是一幅十分难得的唯美画面。

嫩

nèn

嫩

小篆

隶书

楷书

行书

清代文人袁枚编著的《随园食单》几乎成了美食家必须要读的一本书，该书第三节谈到鸡肉圆子的制作方法时，有这样几句话：“斩鸡脯子肉为圆，如酒杯大，鲜嫩如虾团。”说到鸡肾的时候，则又有：“取鸡肾三十个，煮微熟，去皮，用鸡汤加作料煨之。鲜嫩绝伦。”

清代另一位官宦文人李光庭在其所著《乡言解颐[1]》中，谈到“食工”的时候，曾提到过一对以庖厨为业的孙姓父子：“其子孙科能[2]世其业，作鱼腐以紫蟹[3]黄为馅，鲜嫩异常。”

“鲜”“嫩”相伴，真是让人食指大动的一种诱惑。“鲜”自不必说，单单是一个“嫩”字，也能令人产生爽脆、

① 意思是开颜欢笑。

② 人名。

③ 蟹类的一个特殊品种，个头虽小，蟹黄却十分饱满。

姜夔诗意图册
清
罗聘

金石昆虫草木状 胡瓜
明
文俶

吹弹即破、入口即化等期待。

“嫰”这个字最初左边是“女”，右边是“耎”，读作 ruǎn，意思是柔软、柔弱或懦弱等。因此，“嫰”最初的字形也读作 ruǎn，意思则是柔美娇嫩的样子，就像《说文解字》中所解释的那样：“好貌。”后来，“嫰”的右边又演变成“软”的繁体字形，最后才演变成我们现在使用的这种字形。与此同时，它也增加了一种来自民间的读音 nèn。

从读作 nèn 开始，“嫰”就产生了表示事物初生的时候幼小娇柔的状态等意思。例如南北朝时期南梁君主、敕令编纂启蒙读物《千字文》的萧衍，他写的一首诗《游钟山大爱敬寺》里面，就有这样两句："萝短未中揽，葛嫩不任牵。"诗句中的藤萝和葛藤都处在刚刚生长阶段，娇嫩的枝条还都禁不住拉扯或拉拽。

如果把这种娇嫩的含义用于形容食物的口感，"嫩"就衍生出由于烹煮时间短等，食物比较容易咀嚼这样的意思，这也就是本篇开头袁枚、李光庭两位在文章中写到的那些令人垂涎的美食的"鲜嫩"之处。

在饮食之中，除了牛排可以煎得嫩、羊肉可以烤得嫩，还有刚煮沸并且冒着气泡的水可以称之为"嫩汤"，另外还有一些"天生丽质"的食材，它们本身就能给人带来脆嫩的口感，如萝卜、芹菜、黄瓜等等。

"脆"这个字的身世和"嫩"十分

相似，最初它的右边不是“危”，而是“颜色”的“色”。左边的“月”表示字的意思与肉有关，右边的“色”是“断绝”的“绝”的简化和省略，既表示“脆”的意思与断有关，也表示它的读音与“绝”接近。后来，“色”又变成了与其字形近似的“危”。

《说文解字》对“脆”的解释是：“小软易断也。”就是幼小、柔软、容易断裂等意思。例如西汉辞赋家枚乘的《七发》：“甘脆肥脓[④]，命曰腐肠之药。”这是述说太子骄奢淫逸生活的一句话，意思是说太子整天花天酒地、暴殄天物，而这种过度饮食的结果，反而会让美食成为腐蚀他肌体、损害他健康的罪魁祸首。

可见，享用任何美味都应当以适度为好，再可口的美食，有助于健康才是最重要的。一碟油润饱满的炸花生米，那脆香的口感一定会让人欲罢不能，但是对于肠胃功能不佳或者正在减肥的人士，以及患有糖尿病、心血管疾病的人来说，最好还是少吃以至不碰为佳。

营造食物脆爽的口感，除了需要食材本身具备的特质，同样也离不开适宜的烹饪方式以及大厨们对于火候的精准把控，所有这些都是不可或缺的要素。川菜翘楚“火爆双脆”“火爆三脆”等等，要想真的不负菜品的“名称”，做到名副其实的“脆”，恐怕对于任何一位厨师及其厨艺都是不小的挑战。

唐代诗人白居易曾经在《江州赴忠州，至江陵已来，舟中示舍弟五十韵》一诗中写道：“脍⑤长抽锦缕，藕脆削琼英。”两句诗表现的是厨师出色的刀工，鱼肉切得像锦线，藕片则一如晶莹剔透的美玉。而他在《寄胡饼与杨万州》里，写的则是刚出炉的烧饼：“胡麻饼样学京都，面脆油香新出炉。”另一首同好友刘禹锡的唱和诗《和梦得夏至忆苏州呈卢宾客》，里面满满的回忆则是当年一众好友欢宴的情形：“粽香筒竹嫩，炙脆子鹅鲜。”

④ 在这里与表示酒味浓厚的“酥”相通。

⑤ 这个字读作 kuài，指的是切得很细的鱼或肉。

再行一步

白居易在另一首看似以饮食为题的《冬初酒熟二首》中，用到“脆”的时候却显然脱离了美食的范畴，里面“霜繁脆庭柳，风利剪池荷”这两句，描写的是霜重风冷的初冬时节，院子里的柳条变得枯脆，池塘里的荷叶则日渐萧疏。同样是白居易作品的《霓裳[6]羽衣歌（和微之）》，诗中“清弦脆管纤纤手，教得霓裳一曲成”，其中“脆”表现的则是乐音的清脆和悦耳了。

而实际上，“脆、嫩”虽然都同食物的口感有关，但是，它们也常常引申出其他含义。比如明代医学家薛铠在其所著《保婴撮[7]要》中，就曾多次用“脆嫩”形容婴幼儿的肌肉、脏腑等等。他所说的“脆嫩”，基本意思是婴幼儿由于出生未久，其肌体尚处于稚嫩柔弱阶段。

北宋诗人郑侠的七言诗《漫成》，里面的“倚物蔓条终嫩脆，冒霜寒柏始坚贞”，表面上描写的是攀缘寄生的藤蔓植物自身柔弱、不够坚韧，而严寒之中的松柏却是巍然挺立，实际上这两句话说的是做人要自立自强的道理。

⑥ 在这里读作 cháng，指的是裙装一类穿在下面的衣服。

⑦ 在这里读作 cuō，“撮要”指摘取要点或者摘取出来的要点。

婴戏图
明
夏葵

在《说文解字》中被解释为“软易破也”的，还有一个读音也是cuì的字“臎”，它的意思显然和“脆”基本相同，例如《管子·霸言第二十三》：“释实而攻虚，释坚而攻臎，释难而攻易。”这几句话说的是战争中的策略：避实击虚，避强击弱，避难攻易。

这个“臎”字，左边同样用“月”表示像肉一样柔软而易于切断；右边的“毳”读作cuì，意思是鸟兽细小的茸毛，既表示“臎”的读音与它接近，也表示“臎”的意思与细小、柔软有关。不过，“臎”这个字现在已经很罕用了。

仔细审视上面有关“脆”的用例和意思，我们可以看到，当我们在享用美食的时候，脆嫩的口感无疑是绝大多数人一饱口福的追求；而对于事物本身而言，脆嫩却往往意味着不够强健，还留有较大的成长壮大空间。

当然，无论是人还是事物，本身具有“脆、嫩”这一类特征，往往也并不一定意味着幼稚，例如“干脆”，最初或许是“干”和“脆”临时性地一同出现，意思等于“干”的意思再加上“脆”的意思，比如宋代文学家李昉等编撰的大型百科丛书《太平御览·卷九百四十三·鳞介部十五》里面，谈到一种称作“阳遂足”的生活在海岸滩涂上的生物时，有这样的描述：“生时体软，死即干脆。”另外清代文人孙耘在《余墨偶谈》中，谈到一种称作“鸳鸯饼”的食品时也说：“有名莺莺饼者，形似荷叶，双折微翘，干脆耐嚼。”

但是，当“干脆”固化成一种比较固定的说法，而且用来表示人的性格等特征时，它的意思就变成了“简单爽快、直截了当”等，完全与“幼小、柔弱”等意思无关了。例如明代文学家施耐庵《水浒古本》第四回：“谁耐烦商量长短，赶快杀将起来，使睡梦中不做提防，多么脱辣干脆。”

“嫩”与“脆”的情况类似，当它用于表示一些事物的某种特征时，意思也同“稚嫩”无关。宋代词人晏殊有一首《渔家傲》，里面是这么形容荷花、荷叶的：“荷叶荷花相间斗。红娇绿嫩新妆就。昨日小池疏雨后。铺锦绣。”其中的“嫩”表示的是颜色的浅淡，意思就是荷叶浅绿。

宋代诗人陆游似乎比较喜欢用“嫩”形容光芒和热度都不太强烈的太阳，比如他的一首《出游》诗：“采药今朝偶出游，溪边小立唤渔舟。未须着句悲摇落[8]，嫩日和风不似秋。”此外，他的《夏初湖村杂题》《新辟小园》《乡人或病予诗多道蜀中遨乐之盛适春日游镜湖》以及《送客至望云门外》等，里面则分别有：“嫩日轻风夏未深，曲廊倚杖得闲吟”；“东轩嫩日上疏棂，吹尽浮云作意晴”；“嫩日轻云淡沱天，扑灯过后卖花前”；“嫩日满江驿，淡烟笼郡城”，这些诗句中的太阳，都显得那么和暖、明亮，却绝不猛辣、刺眼。

⑧指落花。

酥

sū

酥

小篆

隶书

楷书

行书

《诗经》中的“肤如凝脂”是用油脂形容柔美肌肤的一种极妙比喻，以致后世文人也常常用“肤如凝脂”“肤若凝脂”等形容人细腻润泽的肌肤，例如南宋文人周南的《卓文君》：“旷代佳人十六七，肤如凝脂发抹漆。”还有据《晋书·卷九十三·列传第六十三》记载，王羲之评论东晋成帝司马衍正妻杜陵阳[1]的父亲杜乂的话：“肤若凝脂，眼如点漆，此神仙人也。”

宋代词人周邦彦也填过一首《南柯子》，词的上阕是：“腻颈凝酥白，轻衫淡粉红。碧油凉气透帘栊。指点庭花低映、云母[2]屏风。”词句描绘了一位肌肤润泽、身穿淡粉罗裙的佳人，她感受

① 谥号“成恭皇后”。

② 这里指竹子。

着透过翠竹和门窗的帘子吹来的凉风，也凝视着院子里在微风中摇曳生姿的花朵。

周邦彦笔下的女子，肌肤如“凝酥”，可见“酥”与油脂也具有比较紧密的关系。

“酥”这个字由“酉”和“禾”构成，古代也存在着其他一些字形。“酥”左边的“酉”表示字的意思与奶酪的“酪”有关，或者与“酒”有关；右边的“禾”应当是耶稣的“稣”的省略，或者是苏州的“苏”的繁体字形的省略，两者均表示“酥”的读音与它们接近。

根据古代工具书的解读，“酥”最初有两种意思：一种意思是奶酪一类制品；另一种意思是也称“酴[3]酥”的一种酒。

明朝末年国子监生张自烈编撰的《正字通》和清代成书的《康熙字典》等，在解释“酥”的时候，都说它是牛羊乳所制，而且还都收录了朱元璋第十七子朱权在《臞[4]仙神隐书》中记载的制作“酥油”的方法：“以乳入釜，煎二三沸，倾入盆内，冷定，待面结皮，取皮再煎，油出去滓，入锅内即成酥油。”

十宫词图 隋宫
清
冷枚

画丽珠萃秀册 卓文君
清
赫达资

从以上文献不难看出，“酥”确实是通过加工鲜乳而获得的乳脂一类制品，比如白居易的五言律诗《晚起》：“融雪煎香茗，调酥煮乳糜。”

而在宋代词人晏几道的《玉楼春》里，则有这样两句：“琼酥酒面风吹醒，一缕斜红临晚镜。”这里的“琼酥”指的则是古代的一种美酒了。这种酒的名称也写成“琼苏”，比如唐代诗人李商隐的《隋宫守岁》：“沉香甲煎⑤为庭燎，玉液琼苏作寿杯。”

③ 这个字读作 tú。

④ 这个字读作 qú，意思是瘦。

⑤ 这里指一种混合香料。

由于酥油的润泽特性，“酥”后来常常被用来形容比较润泽的事物。唐代文学家韩愈《早春呈水部张十八员外二首》中的“天阶小雨润如酥，草色遥看近却无”，早已成为描写春雨、春草的典范。而陆游的《钗头凤》却成为往事如烟、爱恋难再的标志，词中的“红酥手，黄縢酒，满城春色宫墙柳”是作者记忆中的美好，与“东风恶，欢情薄”“春如旧，人空瘦”“桃花落，闲池阁”的现实形成了强烈反差。

除却春雨以及佳人的肌肤，白居易在《雪中即事答微之⑥》一首诗中，用“酥”向我们呈现的又变成了皑皑冰雪。诗中写道：“北市风生飘散面，东楼日出照凝酥。”诗句中的“凝酥”指的正是凝结如美玉般的冰雪。

在饮食中，“酥”也是一种令人喜欢的口感，同时还表示某些美味的点心等。

《随园食单》中记录了一种名为“烧小猪”的菜品的制作方法，其中写道：“皮上慢慢以奶酥油涂之，屡涂屡炙。食时酥为上，脆次之，硬斯下矣。”此外，这本书在记载鱼、虾等食材的烹制方法时，也多次提

春塘柳色轴
元
朱叔重

酥

到了“酥”。可见，口感“酥”是美味的一种标志。美食中的“香酥鸭”“香酥鸡”等也都有不少追捧者。

清代文人吴敬梓创作的长篇小说《儒林外史》中，第二十九回写道：“杜慎卿叫取点心来，便是猪油饺饵，鸭子肉包的烧卖，鹅油酥，软香糕，每样一盘拿上来。”文章中提到的“鹅油酥”显然是一种面点，这也正是“酥”的另外一种意思。现在许多受人欢迎的点心，如“核桃酥”“凤梨酥”“榴梿酥”等，在制作方法上都与我国古代美食中各式各样的“酥”一脉相承。

⑥ 唐代诗人元稹的表字。

再行一步

在当代美食界，"酥点"是一类面点的统称，还可以细分为"单酥、暗酥、半暗酥、明酥、西式酥皮"等不同品类。然而在古代，"酥点"更常用的意思却是指"梅花"等，寓意梅花的花瓣、花蕊等如同油酥一般晶亮润泽。

宋代文人朱敦儒有一首《点绛唇》，其中写道："玉指呵寒，酥点梅花瘦。"和他同时代的文人曹勋，则创作过一首《法曲》，里面有："超然坐久，幽径试寻寒梅。酥点竹间稀。"

点点梅花缀枝头，那一派灿然生机的确令人心醉。而与"酥点"同样用来形容梅花等花朵的还有"点酥"。

一生与梅为伴的宋代文人林逋，其传世之作《山园小梅》的第二首，里面就写道："剪绡⑦零碎点酥干，向背稀稠画亦难。"

而素有"笑笑先生"名号的宋代诗人、画家文同，他的《惜杏》诗的开头两句则是："北园山杏皆高株，新枝放花如点酥。"

宋代的另外两位大文人陆游和苏东坡，各自在其作品中又进一步发挥了"点酥"的含义，虽然其作品都与梅花有些渊源，

⑦ 这个字读作 xiāo，意思是生丝或生丝织物。

但却都是借"点酥"形容女子的娇美。陆游的词作是《月上海棠》，通篇以凭吊蜀王旧时宫苑为主题。词的上阕是："斜阳废苑朱门闭。吊兴亡、遗恨泪痕里。淡淡宫梅，也依然、点酥剪水。凝愁处，似忆宣华[8]旧事。"词中的"点酥"是以梅花的晶莹和灵动比喻女子的眼眸。

苏东坡的作品则是《定风波·南海归赠王定国侍人寓娘》。题记中，苏大学士就写道："王定国歌儿曰柔奴，姓宇文氏。眉目娟丽，善应对，家世住京师。定国南迁归。余问柔：'广南风土，应是不好？'柔对曰：'此心安处，便是吾乡。'因为缀词云。"由此可见他对这位女子的敬重。词的全文如下：

常羡人间琢玉郎。天应乞与点酥娘。尽道清歌传皓齿。风起。雪飞炎海变清凉。万里归来颜愈少。微笑。笑时犹带岭梅香。试问岭南应不好。却道。此心安处是吾乡。

词中的"点酥娘"是说那位姓"宇文"、名"柔"的女子，其肌肤如凝脂般光洁细腻。而且苏东坡也毫不掩饰对被他称作"琢玉郎"的好友王定国的羡慕，因为人家有美人相伴的福分，关键是这位美女还心胸旷达，能脱口说出"此心安处便是吾乡"

⑧ 蜀王宫苑名。

这样四海为家的话。

当然，对于苏东坡这样的美食家而言，如果能遇到一位身怀烹制酥松点心技艺的大厨，想必也是幸事。当代作家陈忠实在《白鹿原》第五章就写道："黑娃瞅着手心里的圆圆的水晶饼，酥松的白得像雪似的皮儿上缀着五个红色的俏花点儿，手心里已经落着松散的皮屑。"这样的面点确实令人垂涎。

"松"这个字有两个来源，它表示树木那种意思详见《花草字传·满目青翠》；而它表示蓬松这种意思，其实最初在"松"字上面还有一个"髟[9]"字，而且下面也曾经写作"公"。字形上面的"髟"表示字的意思与头发有关，下面的"松"或"公"表示字的读音与它们接近；上下合在一起最初表示头发蓬乱。例如宋代文人韩淲[10]的《采桑子·十四日》："柳浅梅深鬓影松。"

后来，这种来源的"松"就有了物品疏松、松散等含义，于食品而言，则是表示"松脆"的口感。例如宋代文人林洪编撰的《山家清供》，里面提到一种称作"酥琼叶"的美食时，就写道："宿[11]蒸饼薄切，涂以蜜，或以油，就火上炙，铺纸地上散火气，甚松脆，且止痰化食。"

⑨ 这个字读作 biāo，表示毛发下垂的样子。

⑩ 这里读作 biāo。

⑪ 这里读作 sù，意思是"隔夜的"。

在表示食物的口感方面，和“松”同样属于意义的引申，但是所表达的意思却完全不同的，还有一些字，比如“老”和“硬”。

“老”在甲骨文里写成等，是一位长发飘飘[12]的拄杖老人形象，意思就是年纪大的、年长的、年老的等。这些意思都含有“时间长”的意思，所以，烹煮食品时间过长、火候过大，或者是一些蔬菜果品生长过了适口时间，就都可以用“老”来表示了。

“硬”的意思显而易见，左边的“石”表示像石头一样坚硬，右边的“更”表示字的读音与它接近。

坚硬的东西肯定有好的一面，比如唐代诗人秦韬玉的《塞下》：“黑山霜重弓添硬，青冢沙平月更高。”硬弩强弓，这是武装力量必需的装备。

但是在韩愈的《赠刘师服》中，“羡君齿牙牢且洁，大肉硬饼如刀截。我今牙豁落者多，所存十馀皆兀臲[13]”表明，诗人对坚硬的大饼是敬而远之的。

⑫ 古人认为身体发肤受之父母，不能随意剪发，故此，年纪越大，头发越长。

⑬ 这个字读作 niè，“兀臲”意思同“兀臬”，表示动摇的样子。

烂

làn

燉

清代文人董含编著的《三冈识略》是一部记录各类见闻的杂书，虽然该书并非传统意义上的史书，但是书中记载的一些史料却是其他史书所缺乏的，而且其中一些地域性史实也是地方文化的一个缩影。董含在记录一种名为“山矾”的乔木枯萎之后却生长出菌类这件事情时，写下了这样几句话：“余庭前山矾一株，枯半载矣，根间忽藂①生菌，旋摘旋生，烹之香甘松软，美不胜言。”

松软的食物的确颇有人缘。而食物“松软”这种状况有些是食材自身特质的反映，有些则是适宜的烹饪方式所带来的口感，大概是由于烹煮时间较长，食物熟透，从而变得易于咀嚼。

小篆

隶书

楷书

行书

① 这个字读作cóng，意思是聚集、丛生。

而表示“通过加热使食物熟透”这种意思，正是“烂”这个字最初的含义。

“烂”字左边的“火”表示字的意思与火有关，右边以前有的写成“兰”的繁体字形，也有的写成“阑尾”的“阑”的繁体字形，都表示字的读音与它们接近。《说文解字》中对“烂”的解释是：“孰[②]也。”而在《说文解字注》中则通过参照其他古代文献，进一步把“烂”解释成“火孰也。”段玉裁又接着说：“自河以北赵魏之间火孰曰烂。孰者，食饪也。饪者，大孰[③]也。孰则火候到矣。”

按照段玉裁的解释，“烂”指的是用火加热使食物成熟，而且这种成熟属于烹饪火候达到最大程度的完全熟透，也就是与孔夫子曾经在《论语·乡党》中说过的“失饪，不食”相反的另一种情况，变成了“饪，则食”。此外段玉裁还提到“烂”这种说法其实来自先秦时期黄河以北赵、魏两个诸侯国所在的那一片区域。

《随园食单》在谈到海参的烹制方法时有这么几句话：“用肉汤滚泡三次，然后以鸡、肉两汁红煨极烂”。

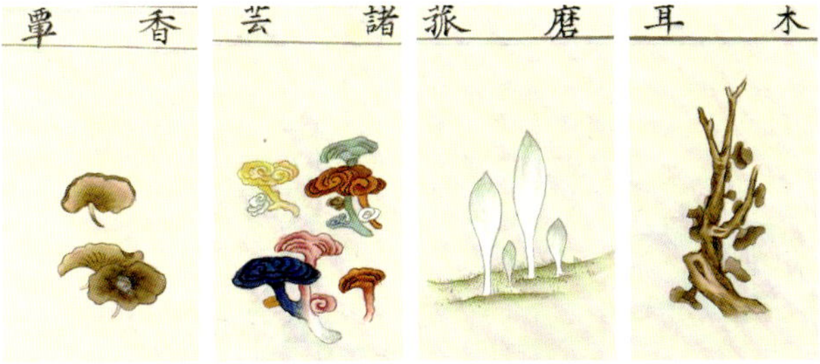

中国药用本草绘本 蘑菇等

另外在谈论猪蹄髈、羊肚、腐皮卷等菜品的烹制方法时，也曾经多次提到“煮烂、闷[4]烂、蒸烂”等词。

本书在谈论“酥”字的时候，曾经引用大文豪韩愈《赠刘师服》一诗中的几句话，主要意思是韩愈羡慕朋友的尖牙利齿可以享用比较坚硬的美味，同时感叹自己的牙口已经日渐衰落，因此对于那些比较硬的美食恐怕已经没有口福享受了。其实，这首诗的后面还有这样几句：“匙抄烂饭稳送之，合口软嚼如牛呞[5]。妻儿恐我生怅望，盘中不饤[6]栗与梨。”这几句诗把作者像老牛反刍一样细嚼慢咽软烂饭食的形态刻画得惟妙惟肖，而且还说自己的妻子儿女都十分

② 最初意思就是“熟”。

③ “大孰”即“大熟”，原本指大丰收，在这里表示食物熟透。

④ 应当是“焖”。

⑤ 这个字读作 shī，意思是牛反刍。

⑥ 这个字读作 dìng，原本表示把食品等放在器皿中供陈设用，在这里表示准备、安排餐食。

善解人意，因为知道作者牙口不好，所以餐食中一般不会准备比较硬的食物。

松软的饭的确比较适合上了年纪的人食用。清代养生行家曹庭栋在《养生随笔》中谈到煮饭的时候，有这样几句话：“有以米浸水，冬月冰之风干，煮饭松软，称老年之供。”这几句话除了说比较松软的饭适合老年人之外，还提供了一个煮饭的小窍门：把米浸过水之后冰冻并晾干，这样便可以煮出比较软烂的米饭。

“软”这个字比较有意思，它和“烂”不同，因为后者在字形上已经非常清楚地表明与火有关，很容易让人联想到用火烹饪这一类意思。但是，“软”的字形却显示它的意思可能与车有关。那么，车与“软”究竟有什么关联呢?

“软”左边的“车”的确表示它的意思与车有关；右边以前也写成“耎”，这个字本身就读 ruǎn，而且意思也是柔软，所以既表示“软”的读音与它接近，也表示“软”的意思与柔软有关。

虽然对“软”最初表示什么意思存在不同意见，

盘车图
宋
江参

但是我国古代曾经有一种使车子减少颠簸的方法，这表明“软”表示柔软的意思应当与这种处置方法有关。《三国志·吴书·周瑜鲁肃吕蒙传》《后汉书·明帝纪第二》等文献中，都出现过“安车软轮”这种说法。“软轮”的意思是用蒲草等绑束、包裹车轮，从而使车子在行驶过程中减少震动和颠簸，所以又称“安车蒲轮”。古人发挥聪明才智的杰作便成为今天交通工具上各色轮胎的起源。

再行一步

因为用蒲草包裹车轮，会使其在与路面接触时变得柔和，所以“软轮”的“软”就有了柔和、柔软的含义。当然，它用于描述食物的口感，肯定是意义的引申与借用。

另外，在表示食物口感的时候，与松软意思接近的“糯”和“暄”，同样也属于其本身意思的引申和借用。

“糯”这个字左边的“米”以前也写成“禾苗”的“禾”，它们虽然都表示字的意思与粮食有关，但是却都与食物的口感无关；右边的“需”则属于后来在民间出现的一种写法，原本写成“耎”，表示“糯”的读音与它接近。

“糯”最初指的是黏稻米，也就是我们今天所说的“糯米”。“糯”含有“黏”的意思，所以当它被借去表示食物口感的时候，大致相当于“柔和、绵软”等。例如《随园食单》在谈论煮饭的时候，曾经说道：“善煮饭者，虽煮如蒸，依旧颗粒分明，入口软糯。”

近代文人吴恩元在《兰蕙小史》一书中，谈论包括若干品

金石昆虫草木状 糯稻米
明
文俶

种梅花在内的多种花卉时，不止一次用到“质糯肉厚”来形容花的形态。这里的“糯”同样表示“柔和、柔软”等意思。

“暄”这个字单从字形看，显然与食物完全不沾边。这个字左边的“日”表示字的意思与太阳有关，右边的“宣”表示字的读音与它接近。

“暄”最初表示温暖，而且寓意是与太阳和阳光有关的温暖，比如唐代诗人韦应物的《四禅精舍登览悲旧，寄朝宗、巨川兄弟》：“春风日已暄，百草亦复生。”

现在我们在人际交往中常常提到的“寒暄”，原本相当于“嘘寒问暖、问寒问暖”等，其中的“暄”就表示温暖。后来，“寒暄”才表示几方人士见面时、一般意义上的礼节性言语交流。

当然，“糯”和“暄”被借来表示食物的绵软、松软等口感，最初应当是一些地域性的说法，属于地方话逐渐扩展的一类现象。

无论是“软”，还是“糯”和“暄”，它们表示食物口感的意思，显然都属于一种借用。而同样的道理，“烂”却是由最初表示食物成熟程度的意思，后来才引申并被用去表示其他含义的。

段玉裁在《说文解字注》里面，已经在解释“烂”的时候说过：“引伸之、凡淹久不坚皆曰烂。孰则可灿然陈列。故又引伸为粲烂。”

这几句话明确表达出“烂”在意义方面的引申与扩展。诗圣杜甫曾作《秋雨叹三首》，诗中写道：“雨中百草秋烂死，阶下决明颜色鲜。”诗人先是感慨秋日淫雨之中，大多数绿草基本上都已经枯萎腐烂，所幸还有一种一年生亚灌木状草本植物“草决明”依然颜色鲜艳，生长势头良好。

明代文人周高起所著《阳羡茗壶系》，书中在谈论制作紫砂壶的陶土时，有这样一段话：“相传壶土初出用时，先有异僧经行村落，日呼曰：卖富贵。土人群嗤之。僧曰贵不要买，买富何如。因引村叟，指山中产土之穴去。及发之，果备五色，烂若披锦。”这里的“烂”指的是土壤的色彩鲜丽。

诗仙李白的组诗《秋浦歌》中则有：“空吟白石烂，泪满黑貂裘。”诗句中的“白石烂”原本表示山石洁白耀眼，与“海枯石烂”的意思相去甚远。李白诗中的“白石烂”实际源自春秋战国时期的一个典故。这个典故大意是：

齐桓公有一天夜里出门迎客的时候，曾经遇到一位名叫宁戚的贩牛者，后者当时正在敲击牛角而歌，歌词中就有“南山矸[7]，白石烂”，而且歌中还唱到生不逢贤明君主“尧”与“舜”。齐桓公听了觉得此人绝不是那么简单，所以召见宁戚并与其交谈。结果二人言谈甚欢，随后齐桓公便将宁戚提拔为齐国的大夫。

这么看来，李白的诗其实还是表达生不逢时、空怀旷世之才的情绪，所以才会出现“泪满黑貂裘”这种情况。然而，李太白的狂放不羁也可说是世所罕见，所以《秋浦歌》里有“醉上山公马”一句。这出自西晋名士山简的掌故。此公常常豪饮，而且时常醉后骑骏马，所以后世便有了“山公马”“山公醉”等说法。

⑦ 这个字现在读作 gān，表示采矿时采出的或混入矿石中的其他石块，也特指煤里夹杂的石块。但是在古代，它还读作 gàn，表示石头白净的样子。这里是后一种读音与意思。

腥

xīng

腥

食物的味道与口感是决定人们是否喜欢一种食物的重要因素。在一般情况下，带有“腥膻”味道的食物大都不会讨喜。然而，唐代诗人周昙创作的一组非常少见的人物群雕式系列诗，其中的《春秋战国门·颜回》里却写道：“陋巷箪①瓢困有年，是时端木饫②腥膻。”腥膻的食物既然不太让人喜欢，那么，为什么孔夫子的弟子端木赐，也就是子贡还要大吃特吃、甘之如饴呢？原来，这里的“腥膻”并非指腥膻的饮食，而是表示鸡鸭鱼肉一类荤食美味。因为子贡是经商奇才，所以家境富裕，生活优渥，也因此和孔门另一位弟子颜回的窘迫生活形成了鲜明对比。

小篆

隶书

楷书

行书

① 这个字读作 dān，指古代一种圆形盛饭竹器。

② 这个字读作 yù，在这里表示“饱食”。

唐代诗人白居易写过几首与仙鹤有关的寓言诗，在《感鹤》这首诗里面，他写道：“一兴嗜欲念，遂为矰[3]缴牵。委质小池内，争食群鸡前。不惟怀稻粱，兼亦竞腥膻。”诗中的仙鹤颇有些一失足成千古恨的意味，由于一时的贪念而被擒获，落到不分粮食与荤腥、只能与鸡群争食的境地。

诗中的“腥膻”同样是指荤食。当然，这首诗是借“鹤”喻人，结尾处“一饱尚如此，况乘大夫轩”同“轩车载鹤[4]”这种说法或许有些渊源，但还是表露出诗人对那些追名逐利之辈的惋惜与警示。

然而，就其最根本的意思而言，“腥膻”肯定指的是让人不舒服的两种味道。先说“腥”这个字，它其实有两个来源：一个是这种字形本身；另一个是现在写成“胜利”的“胜”的那种字形。

第一个来源的“腥”，左边的“月”表示字的意思与肉有关；右边的“星”既表示字的读音与它接近，也表示字的意思与星星或者星星点点的状态有关。古人关于这个字的解释很有意思，《说文解字》中的解释是：“星见[5]食[6]豕，令肉中生小息肉也。”

按照《说文解字》以及后来一些文献的解释，“腥”最初指的是猪的肌肉组织里长了小息肉。至于这个字为什么与星星有关，一种意见认为是因为在星星出现的时候给猪喂食了，所以引发了这样的结果；另一种意见则认为是由于那些小息肉散布在猪的肌肉组织中，颇像星星点点散落的小星星。

花阴双鹤图
清
郎世宁

联系到一些古代文献说这是猪的一种病症，还有提到这种猪肉不适合食用的情况，我们基本可以断定，这应当是现在学名“囊虫猪肉”、俗称“痘猪肉”或者“米猪肉”的一种畜类病症。因此，“腥”这个字的第一个来源，也就是这种字形本身，最初指的是猪的一种病症。

第二个来源的“腥”，最初写成现在“胜利”的“胜”，左边的“月”同样表示字的意思与肉有关，右边的“生”表示字的读音与它接近。《说文解字》

③ 这个字读作 zēng，指古代一种用来射鸟的拴着线绳的短箭。

④ 春秋时卫懿公宠爱鹤，故常常带鹤乘车，因此后世一般用这种说法表示胡乱封官，同时也用来表示“难以胜任”这类意思的自谦。

⑤ 这里读作 xiàn，意思是显现、出现等。

⑥ 这里读作 sì，意思是拿东西给人或动物吃。

中把这个来源的“腥”解释成：“犬膏臭[7]也。……一曰不孰[8]也。”意思是这个字表示狗的脂肪散发出来的气味，同时也表示生肉甚至是还不熟的食物散发出来的气味。

后来一些文献经过进一步考证提出，这个来源的“腥”不仅与犬有关，其实它还可以表示许多动物脂肪的气味。

另外，在许多文献中也都提到，最初表达这种意思所使用的字形“胜”，很早的时候就被现在的“腥”取而代之了。

而现在表示“胜利”等意思的“胜”，却又是汉字简化的结果。最初表示这种意思的“胜”是由古代君主称呼自己的“朕”和“力量”的“力”构成，“朕”表示“胜”的读音与它接近，“力”则表示“胜”的意思与力量有关。这里所蕴含的道理不言而喻，因为能够胜过别人，肯定需要更大的力量。

《春秋公羊传·定公十四年》里有这样几句话：“天王使石尚来归脤[9]。石尚者何？天子之士也。脤者何？俎实也。腥曰脤，熟曰燔。”看来君子赐给诸

汉高祖太牢祀圣
清
陈书

⑦ 这里读作 xiù，意思是气味等。

⑧ 最初意思就是“熟”。

侯用于祭社稷的肉也是有生有熟，生肉叫作“脤”，熟肉则称“燔”。

《论语·乡党》里也写道：“君赐食，必正席先尝之；君赐腥，必熟而荐之”。很显然，君主赐予的饭食，必须非常郑重地品尝；而君主赏赐的生食，则要烹制成熟后再拿来祭祀祖先。

⑨ 这个字读作 shèn，古代君主祭社稷所用的肉。

再行一步

《饮马长城窟行》是著名的汉代乐府古题，自从那首“青青河畔草，绵绵思远道”之后，许多文人，如汉末陈琳、魏晋时期陆机、唐代虞世南，以及隋、唐两朝君主杨广和李世民等，都曾经创作过以此为题的诗作。唐代笃信佛教的文人子兰也有一首同样题材的五言诗，诗中写道：“游客长城下，饮马长城窟。马嘶闻水腥，为浸征人骨。”虽然诗句里的“腥”含有将士战死沙场血染水流的寓意，但是同时也表明了“腥”与“水”的关系。

《吕氏春秋·览·卷第十四》中有这样几句话：“夫三群之虫，水居者腥，肉玃[10]者臊，草食者膻。臭恶犹美，皆有所以。”这几句话的大致意思是水生动物、食肉动物和食草动物，分别有腥味、臊味和膻味，而带有这么难闻气味的东西，却能够成为美味的食物，自然有它的道理和缘由。

根据这几句话的意思可以看出，古人认为水产品大都是“腥”的，而食肉动物则会有“臊”味，至于食草动物，一般来说又会有“膻”气。

⑩ 这个字读作 jué，在古代常常和“攫”通用。

“臊”这个字左边的“月”表示字的意思与肉有关，右边的“喿”原本是“噪”最初的字形，表示“臊”的读音与它接近。《说文解字》中的解释说“臊”是猪的脂肪的气味，而在《礼记》等文献中则说是狗的脂肪的气味，另外还有一些文献说就是某些动物脂肪的气味。反正这种气味和“腥”一样，一来并不好闻，二来最初与水生动物和食草动物确实没什么关系。

“臊”后来还产生了 sào 这种读音，一方面表示害羞；另一方面表示切得很细碎的肉，比如许多人都品尝过的“臊子面”等。

“膻”和“腥”一样，来源也有两个：一个是这种字形本身；另一个是以前由三个“羊”字构成的字“羴”，有时也写成左边是“羊”、右边是“亶”的字形“羶”。

第一种来源的“膻”读作 dàn，左边的“月”表示字的意思与身体肌肤等有关，右边的“亶”表示字的读音与它接近。这种读音的“膻”基本意思有两种：一种是脱去上衣裸露身体，比如《诗经·郑风·大叔于田》中的“膻[11]裼[12]暴虎”，诗句的意思是光着膀子徒步与虎搏斗；另一种是中医用来表示人体胸腹间的膈，例如唐代医学家王冰《灵枢经·胀论》：“夫胸腹，藏府[13]之郭也。膻中者，心主之宫城也。”

⑪ 后来也有版本作“袒”。

⑫ 这里读作 xī，意思是脱去上衣裸露身体。

⑬ 即“脏腑”。

第二种来源的“膻”，以前由三个“羊”字构成的“羴”，就是表示字的意思与羊有关；而由“羊”和“亶”构成的字形“羶”，左边的“羊”表示字的意思与羊有关，右边的“亶”则表示字的读音与它接近。“膻”最初就是表示以羊肉所散发的气味为代表的那么一种气味，后来则淡化了羊的角色，只是泛泛表示一些动物的脂肪和肌肉组织散发出的那一类气味，所以就把左边的“羊”换成了“月”。

由此看来，“腥、膻、臊”三者都同脂肪和肌肉组织等有关，所以在饮食中无疑代表“荤食”。

唐代诗人白居易在出任杭州刺史期间，素与灵隐寺韬光禅师有交情，所以曾作《招韬光禅师》五言诗，邀禅师移驾到他家中一聚。诗中写道：“白屋炊香饭，荤膻不入家。滤泉澄葛粉，洗手摘藤花。”几句诗非常清楚地表达了白居易的诚意，表明他完全尊重出家人戒除荤食的戒律。

据说白居易不仅是为了尊重佛门弟子而去除饮食中的荤食，他自己晚年的时候由于体弱多病以及信奉佛学，日常饮食也完全戒荤了。然而有趣的是，虽然绝大多数时候他连酒也戒了，但是在一些特殊日子老先生却还会端一端杯子，还专门作诗，

春郊牧羊图页
宋
李迪

为自己饮酒找些理由。比如他的诗作《酬皇甫郎中对新菊花见忆》："爱菊高人吟逸韵，悲秋病客感衰怀。黄花助兴方携酒，红叶添愁正满阶。居士荤腥今已断，仙郎杯杓[14]为谁排。愧君相忆东篱下，拟废重阳一日斋。"

和"荤腥、荤膻"一样，"荤臊"也常常表示肉食以及饭食，包括《太平御览》在内的多部古代文献都提到过："黄帝钻燧出火，以熟荤臊。"这句话表明我们祖先由茹毛饮血逐渐开启了用火弄熟食物的历史，进而点燃了中华饮食文明的火种。

⑭ 这里读作 sháo，意思同"勺"。

图书在版编目（CIP）数据

饮食字传．味觉篇 / 张一清著．—济南：山东友谊出版社，2019.3

ISBN 978-7-5516-1808-3

Ⅰ．①饮… Ⅱ．①张… Ⅲ．①汉字—通俗读物 Ⅳ．① H12-49

中国版本图书馆 CIP 数据核字 (2019) 第 040335 号

图书策划：姜海涛
责任编辑：陈　菁　王德超
装帧设计：姜海涛　安树仁
内文插画：知更鸟插画生活馆

主管单位：山东出版传媒股份有限公司
出版发行：山东友谊出版社
地　　址：济南市英雄山路 189 号　邮政编码：250002
电　　话：出版管理部（0531）82098756
　　　　　市场营销部（0531）82098035（传真）
印　　刷：山东临沂新华印刷物流集团有限责任公司
版　　次：2019 年 4 月第 1 版
印　　次：2019 年 4 月第 1 次印刷
规　　格：135mm × 185mm　32 开
印　　张：5.875
字　　数：108 千字
定　　价：38.00 元